: 현명한 부자의 자본주의 수업

아빠가
딸에게
전하는
삶의 지혜

아빠가 딸에게 전하는 삶의 지혜

지 은 이 | 낯선 곳에서의 아침

펴 낸 날 | 2020년 3월 23일 초판 1쇄

책임편집 | 김준균
펴 낸 이 | 차보현
펴 낸 곳 | ㈜연필
등   록 | 2017년 8월 31일 제2017-000009호
전   화 | 070-7566-7406
팩   스 | 0303-3444-7406
이 메 일 | editor@bookhb.com(편집부)
          bookhb@bookhb.com(영업부)

ⓒ 낯선 곳에서의 아침, 2020
ISBN 979-11-6276-577-7 03320

아빠가 딸에게
전하는 삶의 지혜

: 현명한 부자의 자본주의 수업

낯선 곳에서의 아침 지음

연필

사랑하는 딸에게

40이 다 되어서 낳은 딸아이. 남들보다 10년은 늦게 얻었기에 함께할 수 있는 시간도 10년은 짧을 테지. 아이가 학교를 마치기 전에 내가 은퇴해야 하는 상황에 대비하여 자본을 축적하고 있지만 아이를 보호해 줄 수 있는 시간이 짧은 것은 어쩔 수 없는 자연의 섭리. 내가 떠난 후 세상에 남겨질 딸아이를 위해 평소에 짬을 내어 글들을 썼다.

처음엔 50~60개로 시작했는데 한 사이트에서 베스트에 올라 만 명이 넘게 보았던 것 같다. 틈틈이 생각이 날 때마다 추가하고 항목별로 정리를 하다 보니 이제 119개가 되었다. 아이가 성장하여 의미를 이해할 나이가 되면 아마 몇백 가지는 되어 있겠지?

이 글은 네가 태어난 후 얼마 지나지 않아 쓰기 시작했단다. 요즘은 결혼 연령이 늦어 남자 나이 40살 전후에 출산을 하는 경우가 흔하지만 아빠 또래를 기준으로 하면 10년쯤 늦은 셈이야. 너를 보살펴 줄 시간이 남들보다 짧아 내가 알고 있는 세상의 지혜를 빼먹지 않고 빠르게 전해 주고자 이 글을 쓰게 되었다.

어떤 아이의 "자동차 바퀴는 어떻게 굴러가요?"라는 질문에 아이 아빠가 '이걸 공학적으로 어떻게 설명하지?'라고 궁리할 때 아이 엄마가 "바퀴는 떼굴떼굴 굴러."라고 했다는 우스갯소리를 듣고 나도 그 어머니의 답이 현답이라는 데는 동의한다. 하지만 나도 감성적인 답보다는 논리적인 답을 선호하는 사람이라 4행정 내연기관을 설명하려 했을 것이고 이글도 "열심히 해! 잘될 거야!" 같은 가식적인 말은 피하고 상황에 따라 네 생존에 도움이 되는 것들을 논리적으로 쓰려고 노력했다. 네 삶에 위기가 닥쳤을 때 펼쳐 볼 수 있도록.

목차

들어가는 말 _5

일상생활 _9

사회생활 _57

사장이 되거든 _137

남자를 만날 때 _171

결혼생활 _249

가족관계 _283

가정경제 _297

노후준비 _361

나가는 말 _369

일상생활

1

> **삶이 힘들 때면 네가 어떻게 태어났는지를 기억하렴.**
>
> 모든 사람들은 수억 분의 1 확률로 탄생하고, 너는 거기다 3개월 조산이라 정상적으로 살아갈 확률이 1/10,000이었단다. 그만큼 네가 소중한 존재임을 명심하여라.

전날 결혼식 때 마신 술 때문에 밤새 구토를 해야 했단다. 네 엄마는 7개월 임부의 몸으로 나를 간호하느라 1~2층을 오르내리며 고생을 했지. 피곤해했지만 별 무리가 없어 보였는데 아침에 배가 좋지 않다며 병원에 가더구나. 그런데 얼마 뒤 집에 남아 있던 내게 네 엄마가 울먹이며 전화했단다. 우리 아기가 좋지 않다고 (죽을 것이라고).

황급히 택시를 잡아타고 병원으로 가는 길에 아기가 태어났다는 연락이 왔어. 조산이라고 그리고 살아 있다고. 1.15kg. 네 엄마의 상태는 괜찮아 보였어. 그리고 아기를 보았지. 비록 미완성이지만 모든 것이 다 생성되어 있는, 단지 조금 작을 뿐인 우리 아기. 아름다웠다. 저 작은 것이 살기 위해 가쁜 숨을 몰아쉬는 것이.

그런데 오양병원에는 그렇게 작은 애를 살려 낼 인큐베이터 시설이 없었단다. 시설이 있다는 1시간 거리의 소주 지역 병원에서는 인큐베이터가 장치된 앰뷸런스가 고장이 나서 올 수 없다고 했고. 그래서 이동 중의 위험을 무릅쓰고 조금 낡았지만 인큐베이터가 있는 10분 거리의 제1인민병원에 갔는데 그곳 장비도 역부족이라고 하더구나. 아기를 살릴 수 없으니 스스로 애를 데리고 소주병원에 가라는 무성의한 대답뿐. 어떻게든 방법을 찾으라고 다그치니 시설이 좋은 난징아동병원에 연락해서 그곳의 앰뷸런스를 부르겠다고 하더구나.

장자강 지역 의사들이 "살 가능성도 적고 살아도 장애를 가질 가능성도 많으니 아기를 그냥 죽게 내버려 두라."라는 식으로 말한 것에 비해 난징에서 온 의사들은 비관적인 말 대신 가능성을 얘기해 주더구나. 그런데 시간이 지나서 보니 문제는 돈이었단다. 입원을 하려면 당장 20,000위안(당시 환율로 400만 원)의 현금을 준비하고 난징아동병원의 앰뷸런스 보증금 2,000위안(40만 원)을 맡겨야 차를 출발시키겠다는 것이었지. 입원 보증금 20,000위안 외에도 앞으로 모두 합쳐 40,000(800만 원)에서 100,000위안(2000만 원) 또는 그 이상이 필요하다고 했어.

나는 그들에게 말했어.

"1%의 가능성만 있어도 아이를 살려라!"

"오양병원에서 아기가 살아서 태어날 가능성이 1%라고 했는데 지금 살아 있지 않느냐! 앞으로 살아날 확률이 1%라고 해도 최선을 다해야 하지 않겠는가? 돈은 문제가 아니다."

그들은 내가 외국인이고 치료비를 낼 능력과 의사가 있음을 확인하고서야 난징아동병원의 부원장과 다른 의사 1명, 간호사 2명, 운전기사가 딸린 벤츠 앰뷸런스를 보내 주었단다.

건강하게 자라 줘서 정말 고마워. 살다 보면 힘든 날이 올 거야. 아주 많이. 그러나 그 어떤 것도 네가 태어난 그날 네가 싸워 이겨 내야 했던 죽음보다 힘들진 않을 거야. 의료용 쓰레기봉투에 버려졌을지도 모를 그 순간을 넌 네 삶에 대한 의지로 이겨 낸 거야. 힘든 날이 오거든 네가 어떻게 살아났는지를 잊지 말고 헤쳐 나가거라. 해낼 수 있을 거야. 넌 강한 아이니까.

2

" 책을 많이 읽어라.

세상에는 네가 알아야 할 것들이 너무나 많지만 모두를 경험할 수는 없는 일이니 책으로 깨닫도록 하여라.

"

수많은 직업을 가져 봤던 아빠조차도 세상을 잘 안다고 할 수 없단다. 보통의 경우 어떤 일을 이해하기 위해서는 3년 정도의 경험이 필요하기에 수만 가지 세상일들을 직접 경험을 해 보는 것은 현실적이지 않겠지. 여행으로 간접 경험을 하며 견문을 넓히는 것도 좋은 방법이지만 금전적, 시간적, 체력적인 한계에 부딪치기 쉬울 테고.

그런 우리들을 위해 수많은 선구자들은 자신들의 생각을 글로 써 왔고 우리는 푼돈으로 그분들의 비싼 경험을 내 것으로 만들 수 있어. 그들의 그런 경험과 그것들을 정리하여 책으로 써내기 위해 흘렸던 그들의 땀에 비하면 네가 글을 읽는 데 들이는 노력은 정말이지 아주 쉬운 일이다. 한 줄 한 줄 읽으며 그들의 시각으로 글을 빨아들여라. 그들의 통찰을 이해해라.

그러나 마음잡고 읽으려 해도 한 주에 한 권의 책을 읽는 것조차 쉽지 않으며, 그렇게 하더라도 1년에 겨우 52권. 50년을 읽어봐야 겨우 2,600권이다. 물리적인 양이 많은 것이 반드시 좋은 것은 아니지만, 가능하면 많이 읽는 것이 좋으며 네가 좋아하는 취향의 것이 아닌 정반대의 것들도 읽어서 다양한 인간 본성에 대해 이해를 높이도록 하여라. 상대에 지배당하지 않으려면 그들의 마음을 읽어야 하니까.

여행을 많이 하거나 책을 많이 읽어야 하는 중요한 이유 중 하나는 너의 적성을 찾기 위한 것이란다. 농구를 배웠다면 천재적인 실력을 보였을 오지 부족의 한 소년이 문명세계와 동떨어진 환경 때문에 농구 경기를 본 적이 없다면 그는 그런 꿈 자체를 꿀 수 없었겠지. 그 소년처럼 너도 너의 적성에 맞지만 단지 보지 못했다는 이유로 기회를 박탈당하지 않기 위해서는 가능한 많은 세상을 경험해 보도록 해야 하며 책은 가장 경제적이고 안전한 간접 경험 방법이란다. 다양한 책을 많이 읽도록 해라.

효율적으로 책을 읽는 방법

책으로부터 특정 지식을 습득하고자 한다면 아래의 방법이 도움이 될 것이다.

1) 한 가지 주제를 집중해서 읽는다. 주식에 대해 알고 싶다면 일정 기간 주식 책만 보라는 말이다. 다른 주제의 서적을 읽으면 집중하는 에너지가 분산된다.

2) 쉬운 것부터 읽어라. 읽을 책들을 여러 권 구매했다면 대충 훑어봐서 쉬워 보이는 것을 먼저 읽어야 한다. 초보를 위한 서적은 용어를 쉽게 풀어 쓰기 때문에 이해하기가 수월하다.

3) 이해하지 못하면 그냥 건너뛰어라. 이해하기 어려운 부분이 있을 경우 그냥 스킵하고 넘어가야 한다. 그 부분에서 멈추면 흥미를 잃어 시간이 길어질 가능성이 크기도 하고, 뒷부분을 읽다 보면 자연스럽게 이해가 되기도 하기 때문이다. 또한 다음 책에서 이해하기도 하므로 그냥 넘어가는 것이 좋다.

" 여행을 많이 하려무나.

세상은 네가 생각하는 것보다 훨씬 넓단다.

"

해외여행이 일반적이지 않았던 20여 년 전, 아빠가 처음 국제선을 타고 캐나다에 내렸을 때 공항에서 본 다양한 인종들은 내게 적잖은 문화 충격을 주었단다. 한국을 벗어나 본 적이 없었기에 한국인들 사이에 간혹 보이던 외국인들은 좋은 눈요깃거리가 되곤 했지만 그들의 나라에서 그들은 아주 평범한 사람들 중의 하나일 뿐이었으며 나 또한 그러할 뿐이었다.

일본에서, 동남아에서, 유럽에서, 아프리카에서, 중국에서. 각 지역 사람들의 피부색을 보며 인종의 다양성을 보았고, 그 다양성만큼이나 그들의 문화와 삶도 다양하게 펼쳐져 있었지. 선진국은 선진국대로 배울 점이 있었고 후진국은 후진국대로 배울 점이 있었단다.

그 나라의 과거를 보려거든 박물관을 가고, 현재를 보려거든 시장을 가고, 미래를 보려거든 대학을 가 보라고 한다. 여유가 많다면 모두를 둘러보는 것이 좋겠지만 그렇지 않다면 그 나라의 시장을 가 보아라. 박물관에서 역사를 이해하고 교양을 늘리는 것은 한두 번의 방문으로 얻기 어려우며, 관광객의 입장에서 대학교를 방문해서 무엇을 알아낼 수는 없는 일. 짧은 시간에 그 나라 사람들의 삶의 방식을 이해하는 데는 로컬 시장같이 사람들이 많이 모이고 현지 생필품이 거래되는 곳이 제격이겠지.

평균 수명이 80이라면 무엇을 하든 간에 80세는 우리를 찾아올 거야. 우리는 긴 우주여행을 하다가 잠시 지구라는 행성에 와서 탐험을 하고는 다시 돌아가야 하는 운명인 만큼 직장생활 등 일만 한다면 이 땅에 온 목적에 반하는 삶을 살게 되는 것이겠지. 생존을 위해 시간을 투입하고도 여유가 있다면 게임을 하며 보내는 것보다는 세상을 좀 더 알아 가는 것이 더 낫지 않을까?

> 먼 길 떠나기 전에는 화장실을 미리
> 다녀오렴.
>
> 그럼 여정이 편할 것이니. 특히 비행기를 탈 때면 탑승 전에
> 다녀오면 좁은 기내 화장실을 쓰지 않아도 되고 비행기도
> 가벼워진단다.

좌석당 화장실 비율이 높은 비즈니스 클래스 이상이면 상관없
겠지만 여객기의 이코노미석 화장실은 수십 명당 하나씩의 비율
로 구비되어 있으니, 좌석이 창가 쪽이거나 화장실에서 거리가
먼 경우에는 화장실을 가는 것 자체가 여간 귀찮은 일이 아니지.
식사 시간이나 면세품 판매 시간일 경우에는 카트 때문에 다른 사
람의 좌석에 잠깐 끼어 있다가 카트를 보내야 할 수도 있을 테고.
좌석을 겨우 빠져나와 화장실에 가더라도 대기 인원이 있으면 좁
은 복도에서 어색하게 서 있어야 할 테니. 그래서 나는 탑승 직전
에 습관처럼 화장실을 다녀오게 되었고 비행 중에는 화장실을 거

의 가지 않는 버릇이 생겼는데 비즈니스 클래스를 타는 경우에도 마찬가지란다. 그러면 비행 중에 긴장할 필요가 없어 편하게 휴식을 취할 수 있으니까. 덤으로 모든 승객들이 그렇게 한다면 비행기도 조금 더 가벼워져서 연료비가 절약되지 않을까?

66

해외여행 시에는 여권, 비자, 항공권,
돈을 잘 챙겨라.

다른 것이 없으면 현지에서 구하면 되지만 이것들이 없으
면 여행 자체가 불가능하다.

99

1) 여권: 이걸 잊는 사람이 있겠냐 하겠지만 그런 사람이 있더
   구나. 가족의 것을 잘못 가져오는 경우, 여권처럼 생긴 아이
   의 완구를 가져오는 경우도 있었어. 특히 유효기간이 얼마
   남지 않은 경우 낭패를 볼 수도 있겠지.

2) 비자: 이것도 유효기간이 얼마 남지 않아서 문제가 되는 경
   우, 단수 비자를 받아서 두 번째 출국하려다 공항에서 집에
   돌아가는 사람도 있단다. 복수 비자의 기간이 남아 있는 상
   태에서 여권을 갱신한 경우 옛날 여권을 지참해야 하지만 네
   엄마처럼 그것을 모르거나 깜빡하는 경우도 있을 거고.

3) 항공권: 요즘은 종이 항공권 없이 여권만 가져가면 카운터에서 발급을 해주지만 가능하면 편명과 시간 등이 적힌 일정을 프린트해서 챙기는 것이 확인을 위해서도 좋단다. 날짜, 시간, 행선지가 틀린 것이 없는지 잘 살펴보아라.

4) 돈: 여행 국가의 현금, 해외 결제가 가능한 신용 카드 등을 잘 챙겨 가거라. 중국의 경우 많은 상점에서 외국 신용 카드의 결제가 여전히 불가능하다. 현지의 상황에 맞게 결제 수단을 준비해 둬야 한단다.

> **사람들에게 친절하렴.**
>
> 살다 보면 사람들의 작은 도움이 절실할 때도 많단다.

오래전 미국의 한 백화점, 갑작스럽게 내린 소나기에 한 노부인이 비를 피하기 위해 백화점으로 뛰어 들어갔단다. 백화점의 점원들은 그녀에게 아무런 관심도 기울이지 않았지만 백화점의 말단 직원인 '페리'는 노부인에게 다가가 의자를 내주며 도움이 필요한지 물었지. 비가 그치자 노부인은 페리의 명함을 받아들고 백화점을 떠났어. 몇 달 후 그 백화점에는 2년 치 매출에 해당하는 거액의 주문이 들어왔는데 한 가지 조건이 붙어 있었단다. 그것은 계약 담당자가 반드시 '페리'이어야 한다는 거야. 그 물량은 노부인의 영향력으로 발주된 것이었고 그녀는 바로 강철왕 앤드

류 카네기의 어머니 마가렛 모리슨 카네기였던 거지.

　페리는 그녀가 억만장자라는 것을 몰랐을 거야. 친절을 베푸는
것은 그의 습관이었고 마가렛도 그 습관의 대상 중 한 명이었을
뿐이었겠지. 하지만 그 한 번이 페리에게 행운으로 다가왔고 운
명을 바꾸어 주었던 거란다. 그러나 그가 행운을 바라고 친절했
던 것이 아니었듯이 우리도 행운과 상관없이 서로에게 친절해야
한단다. 지구의 모든 사람들이 조금씩 친절하려 노력한다면 호주
머니 속의 손난로처럼 세상은 좀 더 따뜻해지지 않을까?

클래식 같은 것을 모른다고 부끄러운 것은
아니란다.

상대가 모르는 것을 네가 아는 경우도 많음을 명심하렴.

한 분야의 전문가가 다른 사람들을 평가할 때 그 분야에 대한 자신의 지적 수준을 기준으로 하면 어떤 일이 일어날지 생각해 보자꾸나. 음악을 전공하는 사람은 음악에 대해 문외한인 물리학자를 보면 한심하다고 생각할 것이고 물리학자들은 간단한 수학도 못 하는 음악가들이 한심해 보이겠지. 양변기조차 사용할 줄 몰라서 음악가와 물리학자가 한심하게 여기는 아프리카 초원의 원주민들은 독 없는 조그만 뱀을 보고 기겁을 하는 문명인들이 어린아이처럼 보일 것이고. 또 음악가나 물리학자들은 자신들의 지식을 전혀 이해하지 못하는 공인중개사가 무식하게 느껴질지 모르지만, 공인중개사의 눈에는 부동산 권리 분석을 이해하지 못해 잘못된 매매계약을 체결하는 위의 사람들이 한순간에 자산을 날린 무지한 사람들로 보일 거야.

사람들은 자신이 좋아하는 분야에 관심 있는 사람을 똑똑하다고 보는 경향이 있단다. 그래서 자신이 고상한 취미를 가지고 있다면 그런 것을 직업으로 하는 사람을 과대평가하기도 하고 반대로 그것을 모르는 사람에 대해 과소평가하기도 하지. 그러나 클래식 음악에 깡통인 사람이 그림에 조예가 깊을 수 있듯이 어떤 한 가지의 부족한 면이 그 사람에 대한 평가가 되어서는 안 된단다.

우리는 우리에게 주어진 인생이라는 동일한 기회를 어떤 분야에 집중적으로 투입했느냐에 따라 각자 해당 분야의 전문가가 될 수 있어. 그 선택이 무엇이든 간에 선택은 존중받아야 하고 상대가 나의 전문 분야에 문외한이라고 하여 그를 평가 절하하지 말아야 하고 나 또한 그의 분야를 모른다고 하여 부끄러워할 필요도 없지. 그저 그것들이 삶에 도움이 되는 것이라면 직업적으로 생존 확률이 높을 것이고, 재미를 추구하는 것이라면 즐거운 현재의 삶―동시에 불행할 가능성이 큰 미래의 삶―을 살게 될 뿐이야.

물론 다양한 분야에서 적절한 지식을 갖는 것이 인생을 더 컬러풀하게 해 주므로 한 분야의 전문가가 되어 먹고살 만한 여유가 생기면 삶의 양식이 되는 취미 한두 개쯤은 가지는 것이 좋겠지. 그것이 주위 사람들의 성향에 맞지 않다고 해서 그것이 잘못되거나 부끄러운 것이 아니며 네가 상대보다 나은 것이 한 가지라도 있다면 네 삶도 그대로 훌륭한 것이란다.

담배를 피우지 마라.

입에 불을 왜 때냐? 춥거든 마스크를 하면 될 일이다.

나는 사람들의 행동을 보고 도저히 이해할 수 없는 것이 말린 풀로 만든 조그만 꼬챙이를 입에 물고 불을 지펴서는 그 연기를 마셨다 뱉는 행위란다. 어떤 일을 행할 때 한쪽으로 손실을 본다면 반대로 이익을 보는 것이 있기 마련인데 흡연은 오로지 손실만 보는 행위이지 않니. 건강이 나빠지고 구매하는 비용도 들며 몸에는 지린내가 나고 나중에 의료비를 더 들여야 하는.

구매 비용을 한번 살펴보자꾸나. 한 갑에 4500원짜리 담배를 하루 한 갑씩 10년간 피우면 16,425,000원을 태워 없애는 격인데 그걸 투자하고 복리 수익을 거둔다면 2000만 원을 훌쩍 넘길 테지. 작은 승용차 한 대를 구매할 수 있는 금액이 나오는 거란다. 50년이면 1억을 넘길 터이니 가정경제에 상당한 영향을 끼칠 수 있을 정도의 돈이 되는 거고.

부자가 되고 싶다고 말하면서도 담배를 끊는 결단도 못 하는 사람들을 보면 한심한 마음을 감출 수 없단다. 그 정도 의지도 없으면서 어떻게 상위 몇 퍼센트 안에 들겠단 말이며, 적지 않은 돈을 연기로 태워 없애는 낭비를 하느냐 말이다. 자수성가하여 부자가 된 사람들에게 금연 정도의 결단은 아주 작은 것에 속한단다(물론 그들 모두가 담배를 피우지 않는다는 말이 아니다.).

누가 밖에서 담배를 피우고 실내로 들어오면 오줌 냄새 비슷한 지린내가 같이 들어오지. 실내에 있던 사람들은 눈을 감고도 대번에 알아챌 수 있을 정도로 역겨운 냄새야. 거기다 대화라도 하면 니코틴을 머금은 날숨이 상대 기관지로 바로 들어가게 되는데 예민한 사람은 바로 목이 막히기도 해. 물론 그들이 담배를 피우면 국가 재정에 많은 도움이 되므로 나는 그들을 애국자로 칭송해 주겠지만 내 가족은 그런 바보 같은 짓을 하지 않았으면 좋겠구나.

> ## 밥을 먹을 때는 입을 닫고 먹는 게 좋겠구나.
>
> 쩝쩝거리는 소리는 너를 교양 없이 키운 부모를 욕먹게 만든단다.

서양의 예절에 따르면 식사 중에 트림을 하면 큰 결례가 되지. 하지만 식사 중에 코를 푸는 것은 큰 결례가 아니란다. 마치 식사하다가 울던 사람이 눈물을 닦는 것과 같이 관대하게 바라보더구나. 한국의 예절은 그 반대로 트림은 아무런 문제가 없고 식사 중에 코를 푸는 것은 인상이 찌푸려지지. 다른 문화를 가지고 공정하게 평가하기가 쉽지 않지만 내 생각에는 서양의 예절이 잘못된 것 같아. 트림은 컨트롤하기가 어렵지만 코를 푸는 것은 잠시 화장실을 다녀오면 될 일이므로 다른 사람에게 피해가 가지 않도록 할 수 있지 않느냐 말이다. 아무튼 이런 것들을 하지 않는다면 애초에 문제가 발생하지 않을 테니 평소에 습관을 들여 놓는 것이 좋을 것 같구나.

　서양의 예절에서 결례로 보는 경우에 식사할 때 입을 벌리고 쩝쩝거리는 소리를 내는 것이 있단다. 나도 이것에 대해 크게 인식을 하지 못했지만 외국인들과의 잦은 만남 이후로 주의하여 고치게 되었는데 그 후엔 행여 누군가 내 옆에서 쩝쩝거리며 먹으면 여간 짜증 나는 것이 아니더구나. 한국에서는 큰 문제가 아니기는 하지만 외국인과 만날 가능성이 있는 사람이라면 기본적인 매너도 익혀 두는 것이 나쁘지는 않을 거야.

　같은 논리로 아시아 국가에 출장을 여러 번 와 본 외국인이 젓가락질이 서투른 정도가 아니라 전혀 할 줄 몰라서 음식을 손으로 주워 먹다시피 하는 것을 보면 그 사람의 교양을 의심하게 되더구나. 아시아 국가와 관련이 많다면 그 정도는 연습을 해 둬야 하는 것 아닐까?

"

살을 빼고 싶거든 아침을 굶지 말고 저녁을
적게 먹으렴.

아침, 점심으론 네가 하루 종일 일할 에너지를 얻어야 하
니까.

"

아침은 황태자처럼 먹고, 점심은 황제처럼 먹고, 저녁은 거지
처럼 먹으라는 말이 있단다. 아침은 점심시간까지의 업무에 필요
한 에너지를 얻기 위해, 점심은 저녁시간까지의 업무에 필요한
에너지를 얻기 위해 많이 먹어야 하지만 저녁 이후에 별다른 활
동이 없는 경우 저녁은 소식을 하는 것이 다이어트나 건강에 좋
겠지. 하지만 대개의 경우 아침은 거지처럼 먹고, 점심은 황태자
처럼 먹고, 저녁은 황제처럼 먹는 것이 일반적이야. 저녁의 경우
퇴근 후 생기는 시간의 여유가 느긋하게 대식을 할 수 있는 환경
을 조성하는 것이 원인일 테고. 비만 인구가 늘어나 사회문제가

되는 국가가 많아지는데 각자 저녁을 적당히 줄이고 운동을 해서 문제를 극복해 나가야 하지 않을까?

사실 다이어트에 가장 효과적인 방법은 근육운동을 하는 것이란다. 윗몸일으키기, 조깅, 스쿼트 중에서 뱃살을 빼는 데 윗몸일으키기가 가장 효과적일 것 같지만 답은 스쿼트라고 하더구나. 근육은 특정 부위를 키울 수 있지만 지방은 특정 부위가 빠지지 않는 것이 그 이유란다. 큰 배기량의 자동차와 작은 배기량의 자동차를 동시에 시동 걸어 관찰해 보면 당연히 배기량이 큰 자동차가 더 많은 연료를 소비하는 것과 같이, 하체 운동을 하여 대퇴 사두근을 길러 두면 근육은 그 부피를 유지하기 위해 엄청난 에너지를 소비하게 되겠지. 같은 몸무게를 가지고 있지만 지방질과 근육질을 가진 두 사람이 같은 양의 음식을 섭취한다면 근육질을 가진 사람은 가만히 있어도 근육 자체에서 에너지를 소모해 버려서 살이 찌지 않는다는 말이다. 잘 기억해 두어라.

꾸준히 운동을 하렴.

나이보다 젊어 보일 테니. 우리가 젊어 보이는 것도 운동을
많이 해서란다.

최고의 화장품은 혈액순환이란다. 꾸준하게 운동을 하면 혈관
이 막히지 않아 깨끗한 피가 골고루 돌고 혈색 좋은 피부를 가지
게 되니까. 또한 운동으로 근육을 만들면 그 자체가 노화 예방에
엄청난 도움을 준다. 인간은 30세가 지나면 해마다 1%의 근육이
줄어든다고 하니 80세가 되면 근육이 30세의 절반밖에 남지 않게
된다. 늦기 전에 꾸준한 운동으로 근육을 유지할 수 있다면 젊은
사람들과 다를 바 없는 활기찬 노후를 즐길 수 있겠지.

인간, 아니 모든 생명이 후대를 생산하는 것은 영생할 수 없는

우리의 숙명 때문이기는 하지만, 기왕 태어난 삶이라면 죽을 때까지 건강하게 누리다 가는 것이 좋지 않을까? 젊어 보이기 위해 주름 펴는 수술을 하고 얼굴에 무엇을 바른다고 하더라도 그 사람의 근육이나 내장은 나아진 것이 없어. 그저 젊어 보이는 것보다 실제로 젊게 사는 것이 더 현명한 일이고 그것이 네가 운동을 해야 하는 이유란다.

"

예쁜 척하지 마라.

그보다는 높은 품위와 훌륭한 인성이 너를 더 돋보이게
해 준다는 것을 알아라.

"

너는 운이 좋아서 나쁘지 않은 외모를 가지고 태어났지만 네가
들어왔던 칭찬만큼 자만을 키우기도 쉽겠지. 하지만 아무리 기본
이 좋아도 과도한 자만은 장점을 갉아 먹는 역효과를 줄 수 있으
니 외모에 걸맞는 품위와 인성을 길러야 한단다.

또한 타고난 외모보다 더 중요한 것은 각자의 개성과 꾸준한 관
리라고 생각한단다. 유인경 씨의 『내일도 출근하는 딸에게』라는
책에 좋은 예시가 있지.

그 책에서는 미모란 성형수술이나 화장술로 하는 위장이 전부는 아니며 성형수술로 만들어져 모두 비슷비슷한 동그란 눈, 오똑한 콧날, 도톰한 입술은 거부감을 준다고 설명하면서 얼굴은 굉장히 예쁜데 옥수수수염처럼 까칠한 머리카락, 화려한 옷차림인데 샌들 신을 때 보이는 발꿈치의 굳은살, 가늘고 긴 다리에 보이는 듬성듬성 난 털, 빨간 입술로 미소를 지을 때 드러나는 누런 이빨 등은 차라리 못생긴 여성을 봤을 때보다 더 충격적이고 배신감을 느끼게 한다고 나와 있더구나.

아름답기는 하지만 복사기로 찍어 낸 듯한 외모보다는 나만의 장점을 돋보이게 하는 것이 훨씬 더 낫단다. 개성이 미모인 셈이지. 위의 예처럼 자신의 신체를 깔끔하게 관리하는 것은 다른 사람들을 배려하고 살아가야 하는 현대인의 기본 소양이라고 할 수 있을 테고.

"

화장은 30분을 넘지 않도록 하렴.

얼굴에 바르는 것이 많을수록 피부는 더 빨리 늙는단다.

"

아주 오래전 화장품에는 납 성분이 들어 있어서 그것을 바르면 피부가 금세 하얗게 되었단다. 그런데 문제는 납에는 장기적으로 피부를 검게 만드는 부작용이 있기 때문에 점점 더 많이 사용해야 했고 그럴수록 피부는 더 검게 되는 악순환을 겪어야 했어. 이 처럼 여자들이 사용하는 화장품이 오히려 외모를 해칠 수도 있으며 값이 비싸도 저렴한 제품과 별다른 효과가 없는 경우도 허다 하단다.

아래는 내가 한국 화장품을 중국에 팔기 위해 몇몇 브랜드의 도

포 순서를 적어 놓은 것이란다.

1) 세럼 → 스킨 → 로션 or 에센스 → 아이크림 → 크림 → 오일
   → 색조화장

2) 스킨 → 로션 → 세럼 → 에멀젼 → 아이크림 → 크림 →
   색조화장

3) 소프너 → 에센스 → 에멀젼 → 세럼 → 아이크림 → 크림 →
   색조화장

4) 워터 → 에센스 → 에멀젼 → 이펙터 → 크림 → 색조화장

5) BB 사용 시: 스킨 → 로션 → BB → 색조화장

6) BB: 미백 + 주름개선 + 자외선 차단

7) CC: 미백 + 수분 공급

이렇게 많은 단계가 과연 필요한 것인가? 아무리 생각해도 참 복잡해 보인다. 기초화장품 외 색조화장품도 많은 단계가 있는데 이는 너를 아름답게 해 주는 것이 목적이 아니라 화장품 회사의 이익을 위해서일지도 모르며 그로 인해 오히려 피부를 다치게 될지도 모르는 일이야.

기초와 색조화장에 저렇게 많은 것들을 도포해야 하고 그것도 각 회사마다 순서가 다른데 이는 그것의 순서가 그다지 중요하지 않다는 말이고 아마도 그들의 판매고를 높이기 위한 술책일 가능

성이 크지. 물론 자본주의 세상에서 과소비는 체제와 일자리를 유지하는 최고의 덕목이고 장려해야 할 일이지만 현명한 사람은 그런 상술에 현혹되지 않아야 한다.

화장품 회사를 위한 지나친 화장이 아니라 너의 장점을 살리는 수준에서 가벼운 화장이면 충분하지 않을까?

> **생리대를 버릴 때는 항상 말아서 버리도록 하자꾸나.**
>
> **보기 아름답지 않은 것은 가릴 줄 알아야 하니까.**

너도 곧 생리를 할 나이가 되었구나. 내가 위 문장을 처음 썼을 때 너는 아주 어린 아이였지. 세월 참 빠르다. 지금 네 옆에 현명한 엄마가 있는 것이 나는 너무나 고맙다. 네가 엄마 없이 아빠와 살다가 생리를 하면 많이 놀라겠지. 그리고 그 순간에 요긴하게 빌려 쓸 엄마의 생리대도 집 안에 없을 테니 아주 당황스러운 날이 되었을 거야. 여성의 생리에 대해선 엄마가 잘 설명을 했을 테니 그것에 대한 설명은 생략하도록 할게.

생리가 모든 여성이 겪어야 할 성장의 과정이고 그것이 부끄러

운 일도 아니지만 그것을 바라보는 것까지 유쾌한 것은 아니란
다. 아직 어른이 되기 전의 남자들은 물론이고 같은 여자들이라
도 말라붙은 다른 사람의 피를 보는 것은 절대 유쾌하지 않지. 생
리대는 항상 말아서 버리도록 하자꾸나.

너의 이모가 결혼하기 전, 우리 부부의 집에 몇 년 동안 함께
산 적이 있었다. 이모는 생리대를 말지도 않고 피가 보이는 상태
로 버리곤 해서 그걸 보는 내가 민망한 적이 많았단다. 생리는 완
전한 여성이 되었다는 신호이고 그것은 아무런 문제가 될 것이 없
지만 남이 그걸 보도록 놔 두는 것은 현명하지 못한 일 같더구나.

대변을 보고 난 휴지를 변기에 넣는 것을 금지하는 화장실을 사
용할 경우에도 기왕이면 뒷사람이 보이지 않도록 처리하는 것이
좋을 것이고, 쓰레기를 공용 쓰레기통에 버리는 상황이라면 버리
고 나서 뚜껑을 덮어 놓는 게 좋지 않을까? 세상에는 서로를 위
해 지켜야 할 무언의 룰이 있고 아름답지 않을 것을 다른 사람이
보지 않도록 하는 것도 그런 룰 중의 하나니까. 무엇이 되었든 간
에 누가 봐도 아름답지 않은 것은 잘 가려 두도록 해라.

"

어길 약속은 애초에 하지 말려무나.

그러면 네 신뢰가 올라갈 것이다.

"

한국 사람들은 지키지도 못할 약속을 쉽게 하곤 한다. 상대가 민망할 것을 우려해 에둘러 말하는 것 정도야 매너라고 할 수도 있지만 그런 것이 아니라면 지키지 못할 약속은 애초에 하지를 마라.

아빠가 군에서 수송 훈련을 받을 당시 80명쯤 되는 동기들과 군대를 제대하면 1992년 7월 30일 12시에 부산 해운대에서 다 같이 한번 만나자는 약속을 했단다. 군을 제대하고 약속 날짜가 다가오자 연락이 되는 친구에게 전화를 하니 "정말 갈 거야?"라는 핀잔이 돌아오더구나. 실제로 그날이 되자 아빠는 1시간도 넘게 그곳에 서 있었지만 단 한 명도 나타나지 않았단다. 아빠가 바보인 것일까? 아니! 그렇지 않아. 약속은 지켜야 하는 것이고 아빠는 그렇게 한 것뿐이었어. 나타나지 않은 그들이 나쁜 것이지. 그때의 실망감은 약속을 지키지 않는 인간들의 심리를 이해하게 해주었고 그 뒤 몇 번 더 배신을 당한 후로는 나는 인간에 대한 신뢰를 완전히 접었단다. 그래서 나는 상대가 약속을 펑크 내는 것에 대한 면역이 생겼고, 반대로 힘든 약속을 지켜 내는 소수의 사람들을 더욱 존중하게 되었지.

네가 실망감을 주는 대상이 되지 않도록 애초에 어길 약속은 하지 말 것이며 약속을 했다면 반드시 지키도록 하여라. 피치 못할 사정으로 어겨야 할 때에는 상대가 대처할 수 있을 만큼 미리 통보하도록 하여라. 지금 힘들더라도 나중에 더 큰 것을 얻게 될 것이니.

> **정리정돈을 잘하도록 하렴.**
>
> 같은 물건을 다시 사는 낭비가 없을 테니.

여러 부류의 사람들을 방문하여 집 안을 살펴보고 얻은 내 결론은, 가난한 사람들은 공통적으로 집 안이 어질러져 있다는 거야. 분명 1~2개만 있으면 충분해 보이는 물건이 과도하게 많은 것도 문제인데 그것들이 여기저기 흩어져 있고 찾을 수 없으니 그걸 다시 구매해서 잘 보이는 곳에 놔 두는 것이지. 절약을 해야 할 저소득층 사람들이 이중구매를 하는 모순적 행태를 저지르고 있으며, 흩어 놓은 물건으로 안 그래도 좁은 집이 더 좁아지기까지 하는 거고.

아빠가 다니던 한 회사의 자재부는 위치를 바꾸는 것이 귀찮아서 새로 입고된 자재를 기존 자재의 앞쪽에 놓아 두고 사용했어. 그렇게 방치된 오래된 자재를 나중에 확인해 보니 내용물이 이미 굳어 버려서 무려 7팔레트나 되는 자재를 쓰레기 처리비를 들여 버려야 했단다. 문제는 그런 자재들이 수없이 많았고 어떤 자재는 100년은 족히 쓸 양이 그대로 방치되어 있는 것이었는데 결국 그 회사는 파산하게 되었지.

가정이나 기업이나 기본은 똑같아. 물품을 과도하게 구매하지 않고, 정리정돈을 잘해 두어 찾지 못해 재구매하는 실수를 하지 않고, 먼저 들어온 물품을 먼저 사용하는 선입선출을 하는 것. 기업에서 ISO 9001 인증을 받고, 3정 5S 활동을 하는 것은 기본적으로 소프트웨어적, 하드웨어적으로 정리정돈을 잘하자는 말이고 그것이 결국 기업의 생존에 지대한 영향을 미치게 된단다.

정리정돈을 잘해 두어라. 찾는 데 시간을 낭비하지 않게 되고 다시 구매하는 데 돈을 쓰지 않게 되며 집 안도 넓어지게 된다.

17

방귀가 잦으면 똥 나온다.

뭔 말이냐면, 사소한 잘못을 자주 하다 보면 나중에는 큰 피해가 올 것이라는 뜻이다. 예컨대 몇 번 신호 위반을 해서 잘 빠져나갔더라도 언젠가는 사고가 날 것임을 명심해라. 하인리히 법칙을 검색해 보아라.

하인리히 법칙이란 1931년 허버트 윌리엄 하인리히(Herbert William Heinrich)가 쓴 『산업 재해 예방 : 과학적 접근 Industrial Accident Prevention : A Scientific Approach』라는 책을 통해 처음 알려졌단다. 당시 미국 여행보험사의 손실통제 부서에 근무하던 하인리히는 산업 재해 사례들을 분석하던 중 일정 법칙을 발견했는데 그 법칙은 큰 재해로 1명의 사상자가 발생할 경우 그 전에 같은 문제로 경상자가 29명 발생하며, 같은 문제로 다칠 뻔한 사람은 300명 존재한다는 내용이란다.

하인리히의 법칙은 우리 생활에서 흔히 발견할 수 있지. 음주 운전을 자주 하는 사람이 언젠가는 그로 인한 사고를 낼 것이 당연하고, 위험한 짓을 자주 하면 언젠가 그에 해당하는 패널티를 받는 것 또한 당연한 것이겠지. 반대로 좋은 일을 많이 하면 그의 삶에 긍정적인 일이 발생할 확률이 높은 것도 사실일 테고. 예컨대 공부를 열심히 한 사람들이 그 반대의 경우보다 더 좋은 직장에 들어갈 것이고, 저축을 열심히 한 사람들이 그 반대의 경우보다 더 많은 자산을 가지게 되겠지.

불필요한 바보짓(=위험한 일)을 지속하지 마라. 누적된 횟수만큼 곤경에 처할 확률이 높아지니까.

"

18

택시에서 내릴 때는 문을 닫기 전에 앉았던
자리를 살펴보렴.

몇 번은 네 지갑과 핸드폰을 줍게 될 것이니.

"

아빠가 젊었을 때 밥 먹는데 정신이 팔려 주머니에서 지갑이 빠
진 것도 모른 채 식당에서 나왔던 적이 있었다. 다른 사람이 식대
를 계산하는 바람에 한참이 지나서야 지갑을 잃어버린 것을 알게
되었는데 다행스럽게 면허증은 우편으로 돌려받았지만 지갑은
그대로 사라져 버렸어. 신용카드가 흔치 않은 시절이니 돈만 날
리고 말았지만 지금이라면 참 곤혹스러웠을 거야. 그 일이 있고
나서 식당에서 식사를 한 후나 택시에서 내리기 전과 같이 앉았
던 자리를 벗어날 때는 다시 한번 확인하는 버릇이 생겼고 그중
몇 번은 나와 동료들의 소지품을 발견해 내었단다. 그리고 그 확

률은 아주 높았지!

사실 돈을 잃어버리는 것은 큰 문제가 아니야. 잃어버린 현금에 대한 손실보다 타인이 내 핸드폰, 신용카드 또는 신분증을 사용하는 데 따른 리스크가 훨씬 크고 간혹 아주 위험해질 수도 있단다. 세상에는 질 나쁜 사람이 적지 않고 너의 작은 실수가 그들의 악한 마음과 만나서 너를 곤경에 빠뜨릴 수도 있으니 애초에 잘 확인하는 버릇을 들이도록 해라.

19

" 물에 네가 빠졌을 때 아빠가 죽어서 너를 살릴 수 있다면 망설이지 않겠지만, 네 엄마와 네가 동시에 빠졌을 때 내가 혹 엄마를 택하더라도 너무 슬퍼하지는 마라.

난 둘 다 소중하단다. "

예전에 중국에서 어떤 엄마와 딸이 물에 빠졌는데 아빠가 엄마를 먼저 구하는 바람에 딸이 죽게 되었단다. 그때 그 엄마는 왜 자신을 살렸냐며 남편을 크게 나무랐다더구나. 자신의 목숨을 구해 준 남편을 욕할 만큼 딸의 목숨이 더 소중했던 거야.

만약 나와 네가 물에 빠졌고 엄마가 나를 살린다면 아빠는 엄마를 경멸하게 될 것이고 그건 엄마도 똑같을 거야. 어떠한 생명체도 영생을 할 수는 없기에 자신의 DNA를 가진 후손에 대한 애착이 강하고 그것이 때론 자신의 생명을 희생해 가며 자식을 구하는 이유이기도 해. 너와 엄마가 물에 빠졌을 때 아주 높은 확률로 너를 먼저 구하게 되겠지만 만약 너를 살릴 수 있는 가망이 전혀 없다면 나는 엄마라도 구해야 되겠다고 판단할지 몰라. 평생을 가슴 아파하며 살아야 하겠지만 모두를 잃는 것보다는 그것이 더 나은 선택일 테니까. 난 둘 다 소중하다. 내 목숨과 바꿔도 후회하지 않을 만큼.

20

> 대형 사고가 우려되는 상황에서 지도자의
> 통제를 따라야 하겠지만, 그 역시 불완전한
> 인간일 뿐이며 아주 쉽게 잘못된 판단을 내릴
> 수 있음을 명심하렴.
>
> 그의 명령을 거스르는 것이 네 생명을 살릴 가능성이 더
> 크다면 그 길을 택해라. 아무리 큰 질책이라도 죽음보다
> 고통스럽지는 않으니까.

한국의 대형 재난의 수습과정을 보면 아무런 시스템이 없거나 여러 가지 이유로 시스템이 작동되지 않는 경우가 많더구나. 그 것을 담당해야 하는 부서가 복지부동하는 수동적 조직이라서 그 런 시스템을 만들어두지 않았거나 있어도 평소에 연습을 해 두지 않아서 정작 위기가 닥쳤을 땐 아무런 조치도 취하지 못하고 우왕좌왕하는 경우가 많은 거겠지. 만약 별안간 너에게 위험이 닥쳤다면 누군가 너를 안전하게 구해 줄 것이라는 확신을 갖지는 마라. 발생한 상황에 대한 합리적인 대처가 느껴지지 않는다면 자력으로 최대한 빨리 그곳을 벗어나는 것이 상책이란다.

만약 옆에 불에 활활 타는 다른 열차가 보이는데 출발을 안 하고 있다면 머뭇거리지 말고 창문을 깨고 탈출을 해야 돼. 나중에 아무 일이 아니라서 창문 값을 보상해야 한다고 해도 그것이 목숨을 잃는 것보다는 훨씬 나을 테니까.

일단 살아라. 나머지는 나중에 해결할 수 있으니.

21

" 인도가 없는 도로를 걸을 때는 차량을 마주
보고 걸어라.

운전자가 실수를 하더라도 네가 차량을 마주 보고 걷는다
면 훨씬 대처하기 쉬울 것이다. "

차도의 가장자리를 단체로 행진하다 뒤에서 달려온 차량에 목
숨을 잃는 경우가 종종 발생한단다. 그런 행사를 한다면 애초에
행렬의 맨 뒤에 행사 차량을 배치해서 사고 발생 시 충격을 흡수
하는 조치가 있어야 하는 게 당연하겠지. 하지만 이 간단한 상식
이 지켜지지 않아 수많은 희생자를 내곤 한단다. 만약 행사 차량
으로 뒤를 막을 수 없다면 차량을 마주 보며 행진을 하면 되지 않
을까?

혼자서 인도가 없는 도로를 걸어가야 하는 상황이 있다면 차량

을 마주 보고 걷도록 하렴. 네가 상대 차량을 볼 수 있는 방향이라면 위험을 인지하여 다만 1초라도 먼저 피할 수 있으므로 생존 확률이 높아질 테니. 혹 해당 지역의 법이 그렇게 못하게 막더라도 아빠 말을 들어라. 법 같지 않은 법을 지켜서 죽는 것보다 살아서 범법자가 되는 편이 훨씬 낫다.

사회생활

22

> **경력이 쌓이지 않는 직업은 피하도록 해라.**
>
> **그건 너의 청춘을 낭비하는 짓이란다.**

아빠가 젊었을 때 컨베이어 벨트 위를 지나가는 전자제품을 스크류로 조립하는 일을 잠깐 한 적이 있었단다. 자동차 정비를 한 경험이 있어서 에어드라이버로 스크류를 조이는 것은 아주 쉬운 일이었지. 그런데 그 일은 아무리 잘한다고 하더라도 컨베이어가 지나가는 속도를 넘길 수 없기 때문에 더 많은 생산을 해내어 인센티브를 받거나 할 수 없고 일 자체도 누구나 할 수 있는 것이었다. 내 급여는 어떻게 책정되었을까?

나는 최저임금에 근무시간을 곱한 만큼의 금액을 급여로 받았단다. 그곳의 급여는 시간에 비례할 뿐이어서 내가 아무리 뛰어나도 급여를 높일 방법은 없었지. 그 일을 10년쯤 했다고 하더라도 늘어나는 급여는 최저임금 상승분만큼이었을 것이다. 하루를 일한 사람이나 10년을 일한 사람이나 급여에 차이가 없다면 그것은 청춘을 낭비하는 직업임에 분명해. 당시 1달 정도 여유 시간이 있어 소일거리로 한 것이었지만 그 일을 평생 할 자신은 도저히 없더구나.

어떤 일에 대한 급여가 내가 생산해 낸 수량에 비례하는 경우라 하더라도 남들보다 2배로 긴 시간을 일하거나 2배로 빨라야 2배의 급여를 받을 수 있는 것이므로 이 또한 노하우의 축적과는 거리가 있다고 해야겠지. 나에게 추진력을 주는 직업은 노하우와 열정에 비례하는 소득을 얻을 수 있는 일이어야 했단다. 설사 초보 때 소득이 적더라도 결국 경력과 노하우에 비례하는 보상을 받을 수 있는 그런 일 말이다.

소위 컨베이어 앞의 일은 대개 진입장벽이 낮아서 급여가 적기도 하지만, 설사 당장의 급여가 많다고 하더라도 그런 경력이 쌓이지 않는 직업은 피해야 한단다. 신입이나 경력이나 급여의 차이가 없다면 그 일은 아무런 기술이 필요 없으며 언제든 쉽게 다른 사람으로 교체될 수 있다는 말이다. 기술적 해자(垓字)가 없어

밥그릇을 지킬 방법이 없는데다 아무런 발전이 없는 일을 하는 것만큼 바보스러운 것도 없다. 인간의 행복은 내일은 오늘보다 더 나을 것이라는 희망 때문이고 그것이 보장되지 않는 일은 하지 않는 것이 좋다.

"
피라미드 판매조직, 듣보잡 종교 단체는 가입
하지 마라.

돈을 많이 벌 수 있다느니 인상이 좋다느니 너를 현혹하겠
지만 다 사기다.

"

아빠가 군대를 갓 제대한 후 운송회사에서 50만 원 월급을 받
으며 8톤 카고 트럭을 운전하던 시절이었단다. 군대 고참이 150
만 원 월급을 받는 15톤 카고 트럭 기사 자리가 있으니 같이 일하
자고 하길래 아빠는 보란 듯이 직장을 때려치우고 서울로 올라갔
었다.

서울의 한 주택가에 자리한 사무실. 깔끔한 양복을 입고 나타
난 그의 차림은 트럭 기사와는 전혀 어울리지 않았고 주위의 양
복 입은 사내들은 험악한 분위기를 풍기고 있더구나. 그때부터

아빠는 엄중한 감시를 받으며 3일간 피라미드 방식으로 자석요를 파는 교육을 받아야 했단다. 내가 그런 영업에서 성공할 수 없음은 자명한 일이었지만 같은 얘기를 3일간 들으니 긴가민가 싶고 그럴듯해 보이기도 했어.

피라미드 방식은 쉽게 말해 최초로 마케팅을 시작한 1명이 최소 2명의 하부 판매조직을 거느리고, 그 두 명도 각자 최소 2명의 하부 판매조직을 거느리는 방식으로 세를 불려 나가는데 하부 조직원들이 직접 구매한 물품의 판매 대금을 상부 조직원이 나눠 먹는 구조로 운영되는 것이란다. 즉, 부(富)는 커다란 그릇을 가진 외부에서 조달되는 것이 아니라 한정적인 내부 조직원들의—대개는 집에서 얻어온—돈을 위쪽으로 위치 이동시키는 것에 지나지 않는 것이지. 다른 직업을 겸업하는 것도 아니어서 가지고 있던 돈이 소진되면 생활비조차 해결할 수 없는 자체 파괴(Self destroying) 방식인 셈이야.

아무리 생각해도 조직 내의 부가 늘어날 수 있는 구조가 아니어서 교육을 하는 강사에게 물으니 현재 참가 인원이 20,000명 정도이고 26단계까지 진행되었다고 하더구나. 매 단계마다 2배수씩 인원이 늘어나고 26단계가 되었다면 약 3355만 명이 나오므로 생존확률 = 2만/3355만 즉 0.06%라는 결론에 이르더구나. 이건 사기다!!! 생각하고 나는 그곳을 현명하게 빠져나왔지만 그때 나를 속였던 고참은 그러지 못했을 거야.

설사 상위권에서 살아남는다고 하더라도 통계에 의하면 상위 1% 이내의 사람들이 월 500만 원 정도를 벌고, 5% 이내는 월 몇십만 원 수준, 나머지는 몇천 원~몇만 원을 번다고 하니 그들 역시 조직 내의 자금이 소진되면 결국 소멸되고 말 운명들이겠지.

요즘은 네트워크 마케팅이라는 고상한 용어를 사용하기도 하고, 예전 같은 강제성은 많이 사라져서 양지로 나오기는 했더구나. 그러나 품질이 우수하다고 말하지만 그 제품의 질이라는 것이 가성비를 고려하면 대단한 것도 아니며 판매 수당이란 것도 결국 하부 조직이 상부에 상납하는 것이라는 데는 변함이 없어. 마케팅에 참여하면 금방 억대 연봉을 벌 것처럼 선전하지만 판매 수당으로 억대 연봉을 벌기 위해서 얼마나 많은 하부 조직원들이 물건을 팔아 줘야 하는지를 생각해 보면 이 또한 과대망상이라는 것을 금방 알 수 있단다.

간혹 쓸 만한 물건을 파는 경우가 있기도 하다만, 그렇다고 그것을 직업으로 하는 것은 현명하지 못하다. 아무리 생각해도 진입장벽이 없는(=아무런 기술이 없어도 할 수 있는) 일이 고소득을 보장하는 것은 정치인밖에 없을 것 같다. 그러니 별다른 능력이 없는 너에게 능력을 넘어서는 행운을 제시하는 사람이 있다면 100% 사기라는 것을 알고 멀리하여라. 차라리 그 시간에 자기계발을 해서 정당하게 돈을 벌 생각을 해라.

　길을 걷다가 뜬금없이 인상이 좋다는 이상한 소리를 하는 사람들이 있거든 정색하고 자리를 피해라. 적잖은 돈을 내고 쓰잘데기 없는 제사를 지내라고 하기도 한다. 다 네 돈을 갈취하기 위한 사기꾼들이다. 또한 초대하지 않은 자가 집에 와서 종교 얘기를 꺼내거든 그 또한 사람 장사하는 종교 단체일 가능성이 100%라 해야겠지. 좋은 것은 선전하지 않아도 소문을 타고 스스로 찾게 마련인데 굳이 와서 강요를 하는 것은 그것이 그들에게 인센티브가 주어지는 일이기 때문이란다. 그러니 정색하고 피하는 게 상책이다. 특히 종교 단체의 우두머리가 자신의 종교 단체에서 나오는 수입만으로 최고급 차량을 타고 다닌다면 네가 낸 헌금이 그 자가 탄 차의 기름값으로 쓰여진다는 것이므로 그 역시 사람 장사를 하는 것이 틀림없다. 내가 아는 한 어떠한 경전에도 종교 지도자의 사치에 관대한 경우가 없었단다. 정상인은 신을 의심하고 우둔한 자는 신을 추종하며 영리한 자는 우둔한 자를 이용한다. 사기꾼들을 멀리해라.

나는 신을 믿지 않지만 종교를 반대하는 것은 아니란다. 비율은 낮지만 이타적인 삶을 사는 성직자들도 있으며 그들의 헌신적인 삶을 나는 존경한다. 그리고 신이 있다고 믿기에 현세의 삶을 보다 올바르게 살려고 노력하는 신앙인들 또한 존경하지. 네가 신을 믿고 말고는 네 자유지만 혹 믿게 된다면 신을 팔아 사리사욕을 채우는 곳은 피하도록 하여라.

24

" 되도록 전문 경영인이 아닌 오너 사장이 있는
회사를 선택해라.

그래야 너의 열정만큼 대우받을 수 있을 테니까.

"

대리인 비용(Agent Cost)이란 것이 있단다. 회장 또는 주주를 대
신해 회사를 경영하는 전문 경영인(CEO)를 임명할 경우 CEO는
회사의 입장이 아닌 자신에게 가장 이로운 방향으로 회사를 경영
할 것이고 그로 인해 발생하는 비용을 가리키는 것이지.

네가 일하게 되는 기업의 대표가 오너가 아닌 CEO이고 그의
도덕성이 투철하지 않다면 그는 회사를 사리사욕을 채우는 도구
로 사용할 가능성이 크고 그에게 높은 점수를 받는 직원은 회사
를 위해 일하는 사람이 아니라 CEO 개인을 위해서 일하는 직원

이 될 거야. 예를 들어, CEO가 개인 회사를 차려 놓고 불량 자재를 비싼 값에 납품을 받고 있다면 네가 낸 절감안은 너에게 독이 될 수밖에 없겠지.

그런 부패한 CEO가 일하는 곳은 생각보다 많고 그런 곳에서 정직한 사람은 살아남기 힘들단다. 너의 능력을 공정하게 인정받고자 한다면 오너 사장이 이끄는 회사, CEO의 인성이 중요시되는 회사, 시스템적으로 그런 부조리가 발생하기 어려운 회사를 선택하는 것이 좋겠구나. 그러나 오너 사장이 이끄는 경우라도 가족이 대부분의 중요 직책을 장악하고 있다면 이 또한 유리천장 때문에 유능한 직원이 승진하기 어려울 수 있으므로 잘 살펴보고 피하도록 하여라.

25

> "열심히 일하면 정직원 시켜 준다',
> '월급 많이 올려 준다'는 식의 말은
> 절대 믿지 마라.
>
> **약속 지키는 회사 한 번도 못 봤다.**

'히든 피겨스(Hidden Figures)'는 1960년대 나사(NASA)에서 일어난 실화를 배경으로 그려진 영화란다. 천재적인 수학 실력을 가진 흑인 여성 캐서린 존슨, 나사의 흑인 여성들의 리더이자 컴퓨터 프로그래머인 도로시 본, 흑인 여성 최초의 나사 엔지니어를 꿈꾸는 메리 잭슨 등이 주인공이지. 이들 세 명의 주인공들을 비롯한 흑인 여성들은 유색 인종 차별, 남녀 차별이 상존하던 당시에 뛰어난 능력에도 불구하고 흑인이라는 그리고 여성이라는 이유로 수많은 좌절을 겪어야 했어. 아무리 뛰어난 보고서를 작성해도 전산원이라는 이유로 문서의 작성자에 이름을 올릴 수 없었고 흑인이라는 이유로 근무하던 건물 내의 화장실을 쓰지 못해 비를 맞으며 하루에 몇 번을 800m나 떨어진 유색 인종 화장실에 다녀와야만 했지.

　메리 잭슨의 뛰어난 엔지니어적인 재능을 알아본 엔지니어링 책임자는 그녀에게 엔지니어가 되어야 한다고 권고하였는데 당시엔 흑인 여성이 엔지니어가 된다는 것이 불가능하였기에 메리는 "쓸데없는 일에 시간을 낭비할 수 없다."라는 답을 하였단다. 그러자 책임자는 "자네가 백인 남자였다면 엔지니어를 꿈꾸지 않았을까?"라는 질문을 던졌는데 그녀는 "꿈꿀 필요도 없겠죠, 이미 되었을 테니."라고 대답하지.

　그녀는 영화에서 그리고 실제로 흑인 여성 최초의 나사 엔지니어가 된단다. 그러나 수많은 흑인 여성들의 실패 뒤 첫 번째가 그녀인 것이고 이는 곧 대부분의 흑인 여성들은 능력에 따른 적절한 대우를 받지 못했음을 의미한단다.

　내가 파견직이라고 불리는 사내 하청 일자리를 얻었을 때 원청 회사에서는 "열심히 하면 원청 업체 정직원이 될 수 있다."라는 희망을 살짝 흘렸지만 그것은 노동력을 쥐어짜기 위한 감언이설에 지나지 않았단다. 실제로 그렇게 된 경우가 없었기에 아무도 그 말을 믿지 않았다. 우리는 1960년대의 나사의 비정규직 흑인 여성들처럼 쉽게 교체되는 싸구려 부속과 같은 존재였지. 우리는 우리의 이름을 도면에 넣을 수는 있었지만 아무리 멋진 설계를 해내도 디자이너가 아니라 CAD 작성자에만 이름을 올릴 수 있을 뿐이었다.

그렇다고 해서 네가 파견직, 비정규직으로 사회생활을 시작했을 때 정규직의 희망이 없으니 그냥 포기하라는 얘기는 절대 아니란다. 메리 잭슨이 장애물이었던 백인 교과 수업을 듣기 위해 노력하고 결국 엔지니어의 꿈을 이뤄냈듯이, 너도 네게 주어진 업무를 누구보다 더 멋지게 해내고 한편으로는 더 많은 공부를 해야 해. 정규직을 결정하는 네 상관이 너를 잃기 싫어서, 아니면 뛰어난 업무 능력과 여러 가지 부차적인 재능을 가진 네가 불공정한 대우를 받고 있는 것을 알게 된 세상이 너를 그 가식적인 곳에서 꺼내 줄 것이니까 말이다. 그들의 말을 믿지 말고 꾸준히 노력해라. 그래야 한다. 네 삶의 주인은—그들이 아니라—너니까.

26

한국 회사에 취직하거든 너무 튀지 않도록
하렴.

조직에서 살아남고 싶다면 튀는 A급 직원보다 충성스런 B
급 직원처럼 보이게 행동해라.

"

한 기자가 큰 그룹의 오너에게 물었단다. "회장님은 많은 회사
와 직원들을 거느리고 계신데 어떻게 그런 많은 일을 하는 능력
을 가지게 되었나요?"라고. 그러자 그 오너는 이렇게 대답했지.
"저는 업무에 대단한 능력을 가지고 있지 않아요. 다만, 누가
능력이 있는지를 알아보는 통찰력을 가지고 있을 뿐이죠."

기업의 오너는 부하 직원이 부패하지 않는 한 자신보다 똑똑한
것을 두려워하지 않는단다. 똑똑한 부하 직원이 많은 돈을 벌어
들이면 오너에게 좋은 것이고 그에게도 적절한 보상을 해 줄 테

니 서로 좋은 것이지. 그러나 대개의 CEO나 월급쟁이 상관들은 자신의 부하 직원이 자신보다 뛰어난 것을 원하지 않는단다. 부하 직원이 뛰어난 경우 자신의 부족함이 드러나게 되어 자리가 위태롭기 때문이지. 그러니 튀는 A급보다 충성스런 B급 직원처럼 보이게 행동하는 것이 유리하단다. 네 능력은 네가 더 이상 눈치 보지 않아도 되는 위치에 올랐을 때 펼쳐도 늦지 않을 거야.

아빠가 일했던 회사 중에 몇몇은 일을 잘하는 것보다 상관에게 충성하는 것이 승진에 더 큰 영향을 미치더구나. 물론 그것이 바람직한 것도 아니고 그런 회사는 결국 도태되기 마련이지만 너의 당장의 생존을 위해서는 더 좋은 기회가 올 때까지 충성스러운 척, 약간은 부족한 척하는 것이 좋을 것 같구나. 부패한 CEO의 최대의 적은 자신의 자리를 빼앗을 가능성이 큰 충성스럽지 않지만 똑똑한 직원인 만큼 튀는 A급은 살아남기가 어려우니까. B급처럼 보여서 그가 염려하지 않도록 하는 한편으로 스스로는 A급이 되도록 노력해야 한다. 언젠가 그 사람의 자리가 너를 기다리고 있을 테니 말이다.

"
끝이 좋아야 좋은 것이라고 한다.

90%의 기간에 내가 아무리 일을 잘했다 하더라도 심사 직전 10%의 기간에 잠깐 일한 척한 놈이 더 쉽게 승진할 수도 있더구나. 심사를 하는 사람도 보통의 인간이고 보통의 인간은 근래의 기억에 더 큰 비중을 두게 된다. 잘 기억해두어라.
"

아빠의 경우, 초반 90%의 기간 동안 다른 사람 10배 정도의 실적을 내었지만 마지막 10%의 기간에 사소한 일로 상관의 미움을 산 적이 있었어. 그리고 그 미움에 대한 벌은 초반의 공적을 모두 무시할 정도로 과도했지. 이는 그런 빅맨조차 한낱 인간에 지나지 않기 때문이고 인간은 근래의 기억이 중요한 결정에 차지하는 비중이 50%를 넘어가는 실수를 저지른단다. 그런 것을 고려해볼 때 상관이 좋아할 만한 것을 승진 심사 기간 직전에 하면 상대적으로 더 유리한 점수를 받을 수 있게 되겠지.

그러나 훗날 네가 다른 사람들을 평가할 위치가 되거든 기간 전체를 공정하게 평가하는 시스템을 만들어 관리하도록 하여라. 조직이 더 건강하게 발전하게 될 테니 말이다.

28

일을 할 땐 네가 사장이라고 생각하고 일해라.

그래야 사장이 가진 노하우를 터득할 수 있고 나중에 너도 사장이 될 수 있단다.

사장의 시각과 직원의 시각은 크게 다를 수밖에 없을 거야. 자재를 사더라도 구매하기 편한 곳보다는 저렴한 곳을 찾을 것이고, 회사의 남은 공간이 있다면 임대수익률까지 고려하게 될 정도로 비용의 낭비를 줄이려 하겠지.

아빠가 일했던 곳의 자재부 직원들 대부분은 여러 번 발주 내는 것이 귀찮아서 한 번에 1년 치를 구매해 두고 쓰기도 했는데, 그러면 1년 동안의 이자만큼 금전적 손실을 보게 되고, 그것을 보관하는 창고의 임대수익률만큼의 공간손실, 그것을 관리하는 인원의 급여 손실, 그곳의 컨디션을 유지하는데 소요되는 관리비용의 손실이 따랐단다. 이런 모든 것은 내가 주인이라는 오너 의식이 없어서 생기는 문제이고 그런 회사는 결국 파산을 하게 되지. 오너 의식을 가지고 일을 하고 그렇게 트레이닝이 된 후라면 네가 회사를 차려도 쉽게 망하지 않을 것이다. 사장이 삶의 목표일 필요는 없지만 기왕 태어난 삶이라면 좀 더 도전적인 일을 하는 것이 보람되지 않을까?

"

29

새로운 일이 생기거든 열심히 배워 두렴.

그 기술이 먼 미래의 어느 날 퍼즐처럼 네가 필요한 시점에
요긴하게 쓰일 테니까.

"

한 번도 경험하지 못한 새로운 것을 시도할 기회가 생기거든 열
심히 배워 두어라. 인생을 살다 보면 그것들이 언젠가 요긴하게
쓰일 경우가 많이 있을 것이다. 천장의 전등을 교환하고 막힌 배
수구를 뚫는 일 등은 비록 보잘것없기는 하지만 그런 것조차 할
줄 모른다면 사소한 문제 때문에 어두운 곳에서 밤을 지새거나 물
을 쓰지 못하는 등의 불편을 감내해야 할지도 모른다.

아빠가 했던 일 중에는 인테리어와 관련된 것이 있었는데 그때
나는 수전이나 변기 따위가 샘플로 들어오면 하나하나 분해를 해

서 내부 구조를 익혀 나갔단다. 도어의 손잡이 따위도 새로운 것이 들어올 때마다 분해를 하곤 했는데 그런 경험들이 모이자 외국에 출장을 가서 바이어가 질문을 하여도 능숙하게 제품을 분해해 작동 원리를 설명할 수 있었지. 당연히 나와 우리 제품에 대한 그들의 신뢰는 한껏 올라갔고 그런 경험들은 우리가 가진 여러 채의 집에 문제가 생길 때에도 요긴하게 사용할 수 있었다. 기술자를 구할 수 없는 한밤중에 발생한 난처한 문제도 뚝딱 해결해 버리니 얼마나 편리한지 몰라.

네가 지금 보내는 시간이 곧 너의 미래가 될 거야. 하찮은 일이라도 배우려고 노력하면 그 또한 네 미래에 너의 생존을 돕는 기술이 되겠지. 네 돈을 내지 않고도 무언가를 새로 배울 수 있다면 그건 절호의 기회이므로 다른 사람들보다 적극적으로 도전하여라.

> "
> 항상 메모하여라.
>
> 네 기억력보다 오래가는 것이 글이니. 특히 중요한 것들은
> 잘 기록하고 정리해 두어라. 기록할 수 없는 기술은 기술이
> 아니며 기억력에만 의존하는 사람들은 같은 일을 중복해서
> 하는 낭비를 하게 된다.
> "

나는 기억력이 뛰어나지 못한 편이라서 조선 시대 왕들의 재위 순서도 외우지 못하였다. 그런 내가 사회생활을 하자니 지시받은 일을 금방 까먹기 일쑤였고 많은 면에서 여간 어려운 것이 아니었단다. 그럴 때는 어떻게 해야 할까?

나는 항상 수첩을 가지고 다니며 모든 일들을 기록하기 시작했단다. 기록된 내용들은 직접 만든 양식에 입력했고 제목은 내용이 드러나도록 작성하였어. 파일의 제목은 화면의 제목과 일치시켰으며 그 파일을 만든 날짜를 제목 뒤에 붙여서 최종본이 무엇

인지 한눈에 알 수 있도록 했지(예: 원자재 원가절감 방안(2019.08.26.)). 그런 일상을 20여 년 동안 꾸준히 해 오며 방식을 개선했더니 오래된 파일을 찾는데 대개 3초 정도가 걸리고, 늦어도 10초면 찾을 수 있게 되었단다. 당연하지만 아무리 똑똑한 사람도 내 컴퓨터의 파일보다 빠르고 정확하게 기억해내지 못하였다. 내 기억력이 부족하다고 하더라도 전혀 문제가 되지 않았던 거야.

정리정돈을 두 가지로 분류하면 소프트웨어적 정리정돈과 하드웨어적 정리정돈으로 나눌 수 있단다. 그중 소프트웨어적 정리정돈은 발생한 일이나 앞으로 해야 할 일 따위를 메모하는 것에서 시작되지. 아무리 기억력이 좋은 사람도 기록하는 사람을 이길 수는 없으며 그런 기록들을 모으고 체계화하면 그것이 바로 시스템이고 그때쯤이면 다른 사람들을 능가하는 경쟁력이 갖춰져 있을 거야. 항상 수첩을 지니고 다니고, 적은 것들은 잘 정리해 두도록 하여라.

31

> 무언가를 설명할 때 너의 말을 초등학생이
> 이해 못 한다면 그건 설명하는 방법이 잘못된
> 것이다.
>
> 상대가 성인이라고 하더라도 초등생도 이해할 수 있을 만
> 큼 쉽게 설명하는 것이 두 번 일을 안 하는 방법이란다.

오래전에 자동차공학 수업을 받을 때였다. 교수가 교재에 나와 있는 내용을 설명하는데 교재를 그냥 읽듯이 지나가 버리려는 기색이 역력했단다. 그래서 내가 어림짐작으로 이해하고 있는 것이 교재가 말하고자 하는 것이 맞는지를 물으니 "어려운 것은 질문하지 마라."라는 답변이 돌아오더구나. 나는 그가 교재의 내용을 가장 어려운 방법으로 설명하려 한 것이 그 자신도 이해하지 못했기 때문이란 것을 간파했는데 이처럼 스스로도 제대로 이해하지 못하는 사람들이 지식을 전파하는 경우는 정말 흔하단다.

아무리 난해한 지식이라도 제대로 알고 있는 사람은 핵심을 꿰뚫고 있기 때문에 초등학생도 이해시킬 수 있을 만큼 쉬운 예시와 함께 간결하게 설명을 할 수 있지. 흔한 예로 교통 표지판이 있어. 아스팔트 위의 자전거 그림은 그 어떤 설명보다 간결하고 이해하기 쉬우며, 아동의 손을 잡은 엄마 모양도 한번 보면 그 뜻을 짐작할 수 있도록 쉽게 표현된 경우라 할 수 있겠지.

회사 업무를 할 때도 복잡한 설명보다는 표나 그래프를 이용한 시각적인 자료가 시행착오를 줄이는 데 큰 역할을 한단다. 초보에게 운전을 가르치는 보통의 사람들은 자신이 초보인 때를 망각하고 현재 자신의 기준에서 설명을 하려 하지만 한 번도 접해 보지 못한 일을 배우는 초보에게는 단순한 것조차 난해해 보이기 마련이야. 더구나 한 번에 여러 가지를 배워야 하는 경우가 대부분이라 헷갈리기 일쑤고.

최대한 쉽게, 그것의 이유까지도 같이 자세히 설명해 주는 것이 전달 오류로 일을 망치는 것보다도 훨씬 경제적임을 알아라.

"

32

안 될 것 같다고? 변명하지 마라.

언제나 방법은 몇 가지가 더 있다. 네가 아는 것이 전부가
아님을 명심해라.

"

고 정주영 회장의 일화에 이런 것이 있단다.

1952년 12월 미국의 아이젠하워 대통령이 방한하기로 했는데
부산의 유엔군 묘지를 방문하는 일정이 포함되어 있었지. 미군은
묘지에 잔디를 심어 단장하기를 원했는데 잔디를 심는 것이 일반
적이지 않던 그때의 한국에서 겨울에 잔디를 구하는 것은 불가능
에 가까운 일이었어. 다른 사람들 같으면 불가능한 일이라고 포
기했을 그 상황에서 현대 건설 사장이었던 정주영은 싹이 막 트
고 있는 보리를 트럭으로 날라 단 며칠 만에 잔디밭을 만들어 문
제를 해결해 버린 거야.

그때의 일처리로 이후 미군에서 발주 나오는 공사는 정주영 회장의 것이 되었음은 물론이고. 빈자의 마인드라면 할 수 없다고 했을 상황이었지만 잔디의 목적이 무덤을 깔끔하게 보이기 위한 것이라면 다른 방법으로 그것을 해결하면 될 일이었단다.

기억하렴. 문제를 해결하는 방법은 언제나 몇 가지가 더 있단다.

33

> 어려운 일이 주어질 때, 빈자들은 할 수 없는
> 이유(=변명)를 찾고 부자는 해결 방안을 찾는다.
>
> 부자의 마인드를 가져라.

아빠가 군대에서 훈련을 받던 훈련병 시절에 병장 한 명이 우리 네 명을 불러 아무런 도구도 주지 않고 식판 세척실을 청소하라는 명령을 내린 후 자리를 떴단다. 우리는 도구를 찾을 수 없었고 "이래서야 어떻게 청소를 하냐."라며 아무것도 하지 않은 채 시간을 보냈지. 얼마 후 돌아온 병장은 우리에게 '앞으로 취침, 뒤로 취침'을 반복하는 얼차려를 시키더구나. 우리들의 옷은 금세 김치 국물, 밥알, 된장으로 범벅이 되었고 잠시 후 병장은 우리에게 같은 명령을 다시 내렸단다. 어떻게 되었겠니? 우리는 모두 속옷을 벗어 걸레 겸 빗자루로 그곳을 깨끗하게 청소해 내었고 병장이 돌아왔을 때는 깔끔한 세척실로 바뀌어 있었지.

그때의 얼차려는 나의 사고를 유연하게 해 주었고, '모든 것은 마음먹기에 달린 것이다.'라는 큰 깨달음 하나를 얻게 해 주었단다. 군복에 묻은 밥풀과 김치 국물은 세탁을 하면 될 일이었어. 그 이후로 군대의 보급품이 부족하여 세숫비누가 없으면 빨랫비누로 머리를 감고 식기를 씻기도 하였지. 반대로 빨랫비누가 부족하면 세숫비누로 빨래를 하기도 하였는데 물론 아무런 문제가 없었지.

가난한(또는 앞으로 그렇게 될) 사람들에게 새로운 일을 맡기면 하지 못하는 이유를 대는 것을 나는 수도 없이 많이 봤단다. 그중 가장 많이 듣는 것이 해 보지 않아서 못하겠다는 것인데 그럼 다들 결혼은 어떻게 한 것일까? 가르쳐 주지도 않은 섹스는 잘도 하고 애도 잘 낳지 않는가 말이다. 일본전산의 나가모리 사장은 문제가 있을 때 "해결하지 못하면 죽는다고 생각하라."라고 외쳤고 '즉시 한다, 반드시 한다, 될 때까지 한다'라는 행동지침을 만들었다고 해. 그런 불굴의 정신이 구멍가게를 업종 최대 기업으로 키워낸 원동력이라 할 수 있을 거야.

"안 된다는 논문을 쓰는 기업은 망한다. 된다는 논문만 필요하다.

안 된다는 것을 증명할 시간이 있으면, 그 시간에 차라리 되는 '다른 방법'을 찾는 것이 낫다."

_나가모리 시게노부

이처럼 어려운 환경에서 독보적인 자리에 오르거나 온갖 역경에도 사업을 성공해 낸 사람들을 살펴보면 보통 사람들과 다른 마인드를 발견할 수 있단다.

아빠도 어려운 일이 주어지면 '이 일을 해결하지 못하면 죽는다.'라고 생각하곤 했어. 죽을 수밖에 없는 상황인데 못할 것이 무엇이 있겠니? 나는 내가 상상할 수 있는 모든 수단과 방법을 동원해서 결국 그것들 대부분을 해결해 내었단다. 알파벳만 겨우 읽을 수 있는 수준의 실력을 가졌던 아빠가 영어를 공부하겠다고 마음을 먹었던 때는 25살 때였는데 사실 누가 봐도 불가능해 보이는 도전이었단다. 그러나 밥 먹고, 씻고, 운전하고, 잠자리에 든 시간에도 영어 교재를 듣고, 길거리에 외국인이 보이면 달려가서 손짓 발짓을 하며 대화를 시도했으며, 정비공으로 일하며 엔진오일이 떨어지는 그 몇 초 동안에도 한 손에는 단어장이 들려 있었지. 그리고 1년 후 아빠는 멋진 영어를 구사하는 사람이 되어 있더구나.

할 수 없다는 이유를 찾을 시간에 되는 방법을 찾아라. 그럼 대부분의 문제들은 결국 해결될 것이다.

"

34

대화가 안 통하는 사람에게 에너지를
낭비하지 말렴.

그들을 설득할 시간에 좀 더 생산적인 일을 하는 것이 훨씬
이익이니까.

"

예전에 자료 작성 경험이 미천한 부하 직원에게 파일을 저장할
때는 '생산부 개선안(2019.08.27.)'처럼 파일의 이름 뒤에 작성한 날
짜를 적으라고 명령을 하였는데 그는 파일을 열어서 보면 되지 않
느냐고 대꾸하더구나. 그의 방식대로 일하면 바탕화면에 '생산부
개선안'이란 파일이 수없이 쌓이고 그것들을 모두 열어 보기 전에
는 어느 것이 최신 자료인지 알 수가 없게 되는데 말이다.

한번은 그가 작성한 원가절감 내역을 검토해 보니, A라는 프로
젝트에 100장의 철판이 필요한데 110장을 발주 내어 10장이 남는

일이 있었단다. 그는 B라는 프로젝트에서 그것을 사용하여 10장을 적게 구매했으니 10장만큼 원가절감을 해냈다고 주장했고 그리고 그것이 회계적으로 맞다고 우기기까지 하더구나.

위의 사람처럼 대화를 할 때 논리를 벗어난 주장을 하는 사람들이 있단다. 네가 논리로 상대를 이기려면 상대도 논리적이어야 가능한데 자신의 주장을 관철하기 위해 막무가내로 억지를 부리는 사람의 경우 네가 아무리 찬찬히 설명을 해 봐야 아무 소용이 없을 거야. 상대가 귀를 막고 있는 사람이라 판단되면, 약간의 손실을 보더라도 그 상황에서 벗어나 그 시간과 에너지를 다른 생산적인 일에 투입하는 것이 훨씬 효율적임을 알아라. 현명한 것은 애초에 그런 무식한 사람과는 부딪치지 않는 것이다.

35

사람은 좀처럼 바뀌지 않는다.

타고난 천성이 바뀔 것이란 기대는 하지 마라. 게으른 사람, 꽉 막힌 사람, 폭력적인 사람들이 —자기들의 입으로— 앞으로 좋아질 거라고 말한다면 그 말은 거짓일 가능성이 높다. 그렇게 쉽다면 담배 피우는 사람은 하나도 남아 있지 않겠지. 새로운 사람을 찾아라.

어떤 사람이 아빠의 글을 읽고 이렇게 적었더구나.

낯선 곳에서의 아침 님 글 읽고 인생이 바뀌었습니다.
쑥스러워서 익명으로 글 남깁니다.
낯선 곳에서의 아침 님 주옥같은 글 감사합니다.

그의 글에 나는 이렇게 답했다.

당신은 바뀐 것이 아니라 제자리를 찾은 것이다.

지금의 자리가 당신의 자리인지 예전에 몰랐을 뿐.

누구든지 간절히 원하면 온 우주가 그를 도와주게 되어 있고

나 역시 아주 적절한 시점에 그 우주의 작은 구성원으로 존재했

을 뿐이지.

　누군가 앞으로 잘하겠다고 다짐을 하는 경우 대개 그것은 미래
에 거짓으로 판명이 나기 쉽단다. 앞으로 잘할 사람이라면 그전
에도 그런 경향이 보이게 마련이고 당시에 그러지 못한 것은 주
변 환경의 방해가 원인인 경우뿐인 거지. 사람은 좀처럼 바뀌지
않는단다. '삶의 방향성'이라는 관성은 어지간한 의지로 바꿀 수
있는 것이 아니므로 괜한 기대를 갖지 말고 새로운 사람을 찾아
라. 그것이 현명할 테니.

"

36

거지(의식을 가진 자)를 돕지 마라.

그가 너의 호의에 감사할 줄 아는 자라면 애초에 거지가 되지 않았을 것이다. 호의가 계속되면 권리인 줄 착각하는 그들을 돕는 것은 너를 상처받게 만들 뿐이다.

"

2004년 아빠가 아프리카에서 교사로 자원봉사를 할 때의 일이란다. 내가 무료 자원봉사자라는 것을 알고 있는 동네의 어린아이 하나가 내게 "Give me my money(나한테 내 돈을 내놔라)!"라고 외치더구나. 'Your money'(당신 돈)도 아니고 'My money'(내 돈)라고? 그 어린애는 내가 가진 돈이 자신의 돈이라고 말하는 것이었어. 그리고 그것은 아이들뿐만이 아니라 어른들도 마찬가지였단다. 나는 동네행사에서 사진을 찍었다는 이유로 돈을 뜯겨야만 했고 폭행을 당할 뻔한 적도 하였다. 입장료를 받는 공원은 외국인에게 훨씬 많은 요금을 받아 냈고 택시는 언제나 웃돈을 요구하더구나. 나는 다니던 직장을 사직하고 모든 비용을 자비로 부담했으며 자원봉사를 했던 학교에는 기부금까지 내 가며 봉사하고 있었는데 그들은 우리를 존중은 고사하고 돈을 갈취할 대상으로만 보았던 거란다.

타인의 이타적인 도움에 감사하지 않은 그들을 보면서 나는 거지 근성을 가진 자들에게 베푸는 것이 얼마나 부질없는 것임을 철저히 깨달았지. 그들은 그것이 그들을 영원히 가난하게 만드는 큰 원인이 된다는 것을 모르는 것 같더구나. 공짜를 바라지 않고 봉사자들의 배려에 대해 감사한다면 공여자는 더 많은 것을 기꺼이 내게 될 테지만 그들은 그러지 않았어.

가난한 사람들을 돕는 것은 물론 훌륭한 일이지. 그러나 호의에 감사하지 않고 양이 적다고 불평을 하고 더 많이 달라고 하는 자들이라면 그때를 마지막으로 지원을 끊어라. 그리고 감사해하는 사람들에게 두 배를 베푸는 것으로 너의 이타심을 충족하면 될 일이다.

"
자칭, 타칭 전문가라는 사람들을
100% 믿지 마라.

그것이 그들의 밥벌이인 이상, 그들의 주장은 항상 과장되
게 마련이다.

"

주식 투자를 해야겠다고 마음먹고 독학으로 공부를 하던 어느
날, 증권사 애널리스트의 의견을 가만히 살펴본 적이 있었단다.
한 외국 사이트에서 애널리스트의 의견은 Strong buy, Buy,
Hold, Under-perform, Sell 다섯 가지로 표현되어 있더구나. 의
견의 강도를 숫자로 표현해 보았더니.

Strong buy	+2.0
Buy	+1.0
Hold	0
Under-perform	-0.5
Sell	-1.0

[+3 : −1.5] 균형이 맞지 않더구나. Strong Sell이란 표현도 없고 매수에 대한 표현은 강하지만 매도의 표현은 강하지 않았지. 그래! 그들은 대중이 주식을 사는 것에 초점을 맞출 뿐, 파는 것은 그들이 원하는 바가 아닌 거란다. 결국 시장을 빠져나와야 할 타이밍을 찾는 것은 투자자 스스로가 할 일이 되는 거지. 표현이 균형을 맞추려면 애널의 의견에서 0.5단계 정도를 빼서 생각하는 것이 합리적이지 않을까? 균형이 맞게 다시 써 보면 다음처럼 되어야 하지 않겠니?

Strong buy	+2.0	+1.5
Buy	+1.0	+0.5
Hold	0	0
Under-perform	-0.5	-0.5
Sell	-1.0	-1.5

한국의 경우는 어떨까? 한 인터넷 사이트에 찾은 애널의 의견은 아래와 같았단다.

적극매수	Strong buy	+2.0
매수	Buy	+1.0
비중확대	Out-perform	+0.5
중립	Hold	0
비중축소	Under-perform	-0.5
매도	Sell	-1.0

[+3.5 : −1.5] 한국의 애널들은 한 단계를 더 만들었고 그것 역시 더 사라는 말이란다(=사기성이 더 심하다.). 실제로 어떤 기자의 조사에서 사라는 의견 수십 건이 나오는 동안, 팔라는 의견은 딱 한 번 있었다고 한다. 그래서 나는 그들의 의견에 감가를 하기로 생각했단다.

적극매수	Strong buy	+2	+1.5
매수	Buy	+1	+1.0
비중확대	Out-perform	+0.5	+0.5
중립	Hold	0	-0.5
비중축소	Under-perform	-0.5	-1.0
매도	Sell	-1.0	-1.5

이렇게 하고 보니 중립은 팔라는 얘기가 되더구나. 결국 그들의 의견은 항상 과대평가되어 있다는 것이고 그들의 의견을 그대로 믿는다면 믿는 사람이 순진하다는 얘기란다. 5000P에 이를 것이다! 3000P에 이를 것이다! 하는 대통령들의 공약이나 2400P에 이를 것이라는 증권사 전망을 그대로 믿는다면 역시 대중의 한계를 벗어나지 못했다는 얘기일 테고. 물론 나는 대중이 그들의 말을 그대로 믿는 것을 고맙게 생각한다. 하지만 너는 그러지 말아라. 위는 주식을 예로 들었지만 세상 모든 일이 마찬가지란다.

한편 유튜브 따위를 보면 과학이나 경제 등을 주제로 만든 콘텐츠를 쉽게 볼 수 있는데 그런 콘텐츠를 만든 사람들이 대학 이상의 교육 기관에서 관련 학문을 전공했거나, 관련 업종에서 큰 성공을 거뒀거나, 전문 서적을 출판했거나, 상당한 지식을 갖춘 매니아가 아닌 지극히 평범해 보이는 사람이 그런 방송을 하는 경우가 정말 많더구나. 당연히 자신의 머리에서 나온 지식이 없으니 TV나 신문 등 시중의 떠다니는 것들을 모아서 대단한 정보인 양 방송을 하곤 하는데, 그들은 삽입된 광고에 대해 클릭 수에 연동해 비용을 받는 것뿐이란다. 그나마 그들은 흩어진 정보를 모아서 방송을 하니 네가 그런 정보를 찾는 수고를 덜어 주는 순기능이 있기는 하겠구나.

오히려 문제는 소위 전문가라는 사람들인데, 그들의 주장이 여러 가지 이유로 한쪽에 쏠리는 경우가 많단다. A의 판매권을 가진 자로부터 지원을 받는 전문가가 있다면 그의 주장은 언제나 A를 옹호하는 발언이 될 수밖에 없겠지. 당연히 A의 단점은 언급하지 않고 장점은 필요 이상으로 과장해서 말하게 될 거야. 그런 그들의 말에 현혹되지 마라. 의심이 든다면 B를 판매하는 자에게 A의 단점을 물어서 장단점을 모두 파악하고 결정해도 늦지 않다. 지금이 아니면 기회가 없다는 식으로 선동하는 경우도 믿지 마라. 좋은 물건이라면 한 번 팔고 접는 경우가 있을 수 없으니까. 다음에 색상만 조금 바꾸고 같은 멘트를 하는 것을 보게 되 겠지.

정치적으로 한쪽 편만 드는 경우는 과장이 심할 가능성이 크므 로 상대 진영의 말도 들어보고 합리적인 것만 취하면 될 일이야. 특히 어떤 자의 주장이 지극히 편협하다면 그의 말 대부분이 거 짓일 가능성이 크므로 한 줌의 진실을 얻기 위해 그의 이야기를 경청할 필요는 없는 것이고. 그를 버리고 합리적인 주장을 하는 사람을 찾아라.

38

> 대박의 기회를 기다리는 어리석음에
> 빠지지 말아라.

최고의 재테크는 자기계발임을 믿어라.

주식 시장이 활황기가 되면 초보자들이 시장에 대거 유입되어 장을 더욱 상승하게 만드는데 그때 얻은 약간의 행운을 자신의 실력이라고 착각한 사람들은 더 많은 자산을 투입하여 장을 더더욱 오르게 만든단다. 그러나 초심자의 행운은 오래가지 못하고 각자의 실력대로 제자리를 찾게 되고 결국 가지고 있던 푼돈마저 날리게 되지. 어떤 이는 주식 투자자의 2%만이 최종적으로 성공한다고 주장하고 어떤 이는 8%가 성공한다고 하는데 어느 쪽이건 간에 대부분의 사람들은 욕심의 크기만큼 자산을 잃는 것이 맞는 것 같더구나.

아빠는 연구를 통해 복권 구매나 공부하지 않고 하는 주식 투자 따위는 하지 않는 편이 대부분의 사람들에게 유리하며 그 일에 투입하는 돈과 시간을 자신의 가치를 증대시키는 데 투입하는 편이 훨씬 이익이라는 결론을 얻었단다. 개개인이 자신의 가치를 높이는 자기계발을 한다면 그것은 아무도 강탈할 수 없는 나만의 소득 향상 도구가 되어 언젠가 자산을 늘리는 데 요긴하게 쓰이게 되는 거지. 그것이 학위든 자격증이든 특별한 기술이든 희소성만 있다면 그 노력은 언젠가 보상받게 될 거란다.

"

39

적을 만들지 마라.

네가 상대에게 고개를 숙인다고 해서 네가 진 것이 아님을 명심해라. 그에게 배울(얻을) 것이 있는 한 너의 발톱을 드러 낼 필요는 없단다.

"

에피소드 1

중국 송나라 시절에 유페이(岳飞. 악비)라는 장군이 있었다. 그는 무공과 경험이 뛰어난 장수였지만 치명적인 약점이 있었는데 그 것은 기득권에 고개 숙이지 못하는 것이었다. 자신의 주장이 옳 다고 여기면 재상의 의견에도 반대를 표하곤 했다. 그 때문에 그 는 정적들이 늘어났고 전투에서 계속 승리했음에도 불구하고 모 함으로 처형을 당했다. 왜 그랬을까? 승전을 계속하여 그의 군대 가 점점 막강해지자 정적들은 그가 모반을 일으킬 것을 두려워하 여 미리 싹을 자른 것이었다.

생각하라. 옳음도 지나치면 그 큰 뜻을 이루기 전에 꺾이게 됨을. 그래서 우리는 많은 옳은 이들을 잃었고 결과적으로 그들은—개인의 인생에 있어서—실패하였다.

에피소드 2

한편 명나라 시절에 취지광(戚継光, 척계광)이라는 장군이 있었는데 그 역시 뛰어난 장수였다. 젊은 시절 그 또한 유페이 같은 원칙주의자였으며 그 이유로 그는 옷을 벗어야 했다. 그때 그는 깨달았다. 큰 뜻을 위해서는 잠시 스스로 꺾여야 함을. 그것을 깨달은 그는 재상에게 여러 가지 전리품들을 선물하고 "소신은 영원히 대인(大人)의 개(犬)입니다."라며 고개를 숙였다. 또한 다른 여러 고관대작들에게도 많은 공을 들였다. 그 덕에 그는 장군의 자리에 복귀할 수 있었고 여러 전투에 승리하여 날고 기는 무인들이 휘하에 들어와 그의 군대가 국가를 위협할 정도로 커졌음에도 기득권층의 지원은 계속되었다. 정치권의 지원을 등에 업은 그는 그의 큰 뜻인 '적을 물리쳐 나라를 지키는 것'으로 이름을 날리게 되었고 기득권과의 공생관계로 천수를 누렸다.

훗날 역사는 유페이와 취지광 모두를 훌륭한 장수로 적었지만 동시에 유페이는 실패자로 취지광은 큰 뜻을 이룬 현명한 사람으로 평가한단다. 이처럼 열정이 지나치게 높으면 적이 많이 생기고 그것은 스스로의 생명을 단축시키는 법이야. 네가 속한 조직에서 큰 뜻을 이루고 싶다면 그것을 이룰 수 있는 위치에 오를 때까지는 현재의 권력자에게 도전하지 마라. 그리고 아이러니하게도 너를 진급하도록 끌어 주는 사람이 네가 그토록 증오하는 바로 그 권력자라는 것도 잊지 마라.

세상을 살다 보면 다른 사람과 부딪칠 일이 생기겠지. 너의 힘이 그를 상대하기에 충분하지 못하거든 일단 고개를 숙이는 척하고 조용히 뒷일을 도모하렴. 그를 능가하는 때가 되었을 때 네가 원하는 대로 할 수 있겠지만 그것이 단순히 감정적인 승리만을 의미한다면 실질적으로 네가 얻을 것은 아무것도 없으니 또한 그런 것에 에너지를 낭비할 필요는 없단다. 그리고 그의 도움이 언제 필요할지 모르니 그를 억지로 적으로 만드는 것은 현명하지 못한 일이란다. 힘이 생길 때까지 때를 기다리도록 해라.

"

40

네 속을 남에게 보이지 마라.

적이 늘어날 것이다.

"

상대가 묻지 않는 것을 필요 없이 말하거나 제3자의 흉을 보는 경우 그것이 너에게 해가 되어 돌아올 가능성이 크다는 것을 기억하렴. 특히 비밀로 해 달라는 전제하에 털어놓는 이야기들은 대부분 얼마 가지 않아서 모두가 알게 되는 소식으로 바뀌게 되고 그로 인해 적을 만들게 될 거야.

나도 남에게 발설하지 말라는 전제를 달고 개인적인 얘기를 해준 적이 있었는데 그 말이 돌고 돌아 결국 나에게 돌아오는 경험을 여러 번 한 적이 있단다. 친한 사람에게 발설하지 말라고 어떤 말을 해 주면, 그 사람은 다른 사람에게 발설하지 말라고 하며 내가 했던 말을 그대로 전하게 되고 그것이 무한 반복되어 결국 나에게 돌아오더구나. 조심하도록 해라.

특히 어떤 말이 나에겐 약점이 되고 경쟁자에게 유리한 것이라면 그에게 공격 무기를 하나 더 마련해 준 셈이니 특히 삼가야 한단다. 물론 거짓 정보를 흘려서 경쟁자를 혼란에 빠트리는 작전은 연구해 볼 만한 일이기는 해.

"

41

가야 할 길에 바위가 나타나거든 무리하게
넘으려 하지 말고 신속히 돌아갈 길을
찾아 보렴.

중요한 것은 목적지에 도착하겠다는 목표이지 그 방법이
아니다. 융통성이 있으란 말이다.

"

언젠가 어떤 제품에 대해 에이전트가 출고 가능 날짜를 통보해
달라고 해서 자재부와 생산부에서 일정을 받아 7월 말이나 되어
야 출고 가능하다고 통보한 적이 있었단다. 그 프로젝트는 큰 프
로젝트의 테스트 물량으로, 조기 납기 여부에 따라 큰 프로젝트
의 물량 수주가 좌우되는 상황이라 에이전트는 7월 초 또는 가능
한 빠른 납기를 원하더구나. 이런 경우 너 같으면 어떻게 하겠니?

나는 생산부가 잔업과 특근을 하면 7월 중순에 출고가 가능하
다는 판단을 했고 에이전트에게 '보장할 수 없다'는 전제를 달아

비공식적으로(=전화로, 즉 내가 그 날짜를 통보한 것은 에이전트 외엔 아무도 모른다.) 통보했단다. 그럼 그는 7월 초를 고집해 봐야 우리가 포기하고 말 것이라고 판단할 것이고 현실적인 7월 중순을 납기로 정해서 메일을 보내게 될 것이라 생각한 거지.

결국 그는 메일에 '내가 넌지시 일러준' 날짜를 적어서 보내왔고, 나는 즉시 그 메일을 번역하여 각 부서 및 상관께 보냈단다. 그 뒤 어떤 일이 일어났을까? 상관은 심각성을 깨닫고 회의를 소집했지. 동급인 내가 타 부서장을 불러 모았다면 안 되는 이유들이 쏟아져 나오겠지만 상관의 명령이니 자재부와 생산부는 무조건 그 날짜를 맞추었단다.

결국 이 건에서 나는 나보다 더 많은 권력을 가진 에이전트와 상관을 이용해서 내가 원하는 목적(=빠른 테스트 물량 납기 → 그로 인한 대형 물량의 수주 → 안정적인 물량 확보 → 조직 구성원과 나의 일자리 확보)을 달성한 것이란다. 너는 먼 미래를 보고 일하지만 네가 상대하는 조직이 관료화되어 있어 반응이 느리다면, 혼자서 그런 조직을 상대하려 하지 말고 권력자를 이용하여 목적을 달성하는 것이 훨씬 효율적임을 알아야 한다.

당시 내 부서는 월요일 오전까지 상기 프로젝트의 자재 리스트와 생산도를 각 부서에 배포해야만 했는데 그때는 토요일 오후였고 평소 업무 속도라면 일요일 특근을 해야 맞출 수 있는 상황이었단다. 어떡해야 좋을까?

내 부하 직원들은 특근을 싫어했어. 그러니 토요일인 그날 내에 완성하면 되는 거였지. 내가 "오늘까지 완성하지 못한다면 내일 즐겁게(?) 특근을 해야 한다."라고 하자 모두들 딴짓을 하지 않고 열중해서 퇴근 전까지 일을 처리해 내더구나. 당연한 말이지만 나는 부하 직원들이 효율적으로 일해서 휴일을 가족과 보내는 것을 좋아한단다.

장애물이 있는 일을 해야 할 때 그것을 무리하게 넘으려 하지 마라. 돌아가는 길이 더 멀어 보이더라도 주변 자원을 효율적으로 이용한다면 오히려 쉬운 길이 될 수도 있다. 융통성을 가져라.

"

42

네 상관이 새로운 일을 주거든 그것을
기꺼이 받아들이고 감사히 생각해라.

네 상관의 자리를 가장 빨리 차지하는 사람은 바로 네가 될
테니까.

"

예전의 회사에서 있었던 일이란다. 같이 일하던 어떤 부서장이
한국으로 복귀하면서 그의 업무를 나머지 부서장들이 나눠 맡게
되었는데 그중의 하나인 인증서 관리는 내 업무와 관련성이 상당
히 떨어짐에도 불구하고 내게 배당되었는데 유일한 이유는 그 문
서들이 모두 영어로 되어 있다는 것이었다. 내 상관이 그것을 내
게 배당해도 되겠냐고 의견을 물었을 때 나는 당연히 환영하였고
고마워했단다.

"조직을 재편성하면서 다른 설계팀까지 맡아야 할 경우 어떡하

겠냐?"라는 상관의 물음에 나는 "이미 그걸 마음속으로 준비하고 있었노라."라고 답했고 곧 그렇게 되었지. 나는 이미 원래의 팀원을 이끌고 본사에서 5~6개 부서가 할 일을 하고 있었는데 또다시 인증서 관리와 팀 하나를 더 맡게 된 거였어. 그렇게 새로운 일을 받아들이기를 계속한 어느 날 나는 2개의 설계부, 자재부, 3개의 생산팀, 공무팀까지 총괄하는 공장장이 된 나를 발견하게 되었지.

뿐만 아니라 나중에 다른 신생 회사의 임원으로 자리를 옮겼을 때 나는 예전 회사에서 익힌 설계, 인증서 관리, 자재 관리, 생산 관리, 공무, 영업 지원 등등의 지식을 활용하여 조직을 신속하게 궤도에 올려놓을 수 있었단다.

내 경우, 부하 직원들에게 새로운 일을 맡기려고 하면 "한 번도 해 본 적이 없습니다(=못 하겠습니다.)."라는 변명을 듣는 경우가 많았어. 세상의 모든 일은 옛날에 누군가 세계 최초로 해내었기 때문에 오늘에 와서 보편화된 것 아니겠니? 그 영광이 자신이라면 얼마나 좋은 일이니? 연애같이 재밌는 것은 가르쳐 주지 않아도 잘만 하는데 회사 일은 안 된다는 것은 무슨 논리니? 안 해 본 것일수록 네가 하도록 하렴. 그래서 그 분야의 선구자가 되고 또 새로운 것을 배우기를 반복한다면 곧 조직에서 가장 유능한 인재가 되어 있지 않겠니?

"
적절한 대우를 받지 못한다 하더라도
그것이 네가 최선을 다하지 않을 이유는
될 수 없다.

네 삶의 중심은 너니까.

"

성공한 고위직 여성들도 직장 생활 초기에는 대부분 커피나 복사 심부름 따위를 하였다고 하더구나. 물론 그들도 커피를 타기 위해 취직을 하지는 않았을 것이지만 그들은 그 하찮은 일조차 최선을 다했다는 공통점이 있더구나. 동료나 상관이 선호하는 크림이나 설탕의 양조차 정확히 기억하는 등 사소한 일에도 애정을 갖고 최선을 다한 삶의 자세가 그들이 본업에서 뛰어난 실력을 발휘한 비결일 테고.

물론 세상은 생각만큼 공정하지 않단다. 네가 사소한 일과 중요한 일 모두를 아무리 훌륭하게 처리해 내더라도 혈연, 학연, 지연, 뇌물 등이 너의 노력보다 더 높은 평가를 받기도 할 거야. 설사 그렇다고 해도 네가 해 오던 노력을 멈출 이유는 될 수 없단다. 어차피 너는 그곳을 떠나게 될 것이고 그때까지 네가 그곳에서 배운 것들이 다음 직장에서 빛나게 될 것이니 말이다.

"
회사에 문제가 있어도 섣불리 때려치우지
마라.

다음 회사에는 또 다른 문제가 있을 것이다. 네가 그것을 바
꿀 수 있는 위치가 되거든 그때 해결하면 될 일이다. 정 그
만두려거든 반드시 지금보다 나은 회사를 찾은 다음에 그
만두어라.
"

내가 중국에서 다녔던 한국 회사 중 하나는 많은 문제가 있었
단다. 축구 동호회가 회사 일보다 중요한지 주말에 중요한 업무
가 있어도 축구를 하느라 출근을 하지 않던 어린 공장장이 있었
어. 오너의 친인척이었던 그는 동호회원들과 매일 새벽까지
K-TV에서 술을 마시고 노느라 출근이 제멋대로였지. 그 외에도
초등학교 학력조차 의심스러울 정도로 무식한 현장직원이 단지
한국인이라는 이유로 간부의 자리를 차지하고는 무소불위의 권
력을 휘두르기도 했고. 그와 술친구가 되어 그를 옹호하던 총경
리 또한 문제였단다. 혼자서는 바꿀 수 없는 이런 문제들 때문에

나는 스스로 사직을 하고 새로운 곳을 찾을 수밖에 없었단다. 그러나 다음 직장에도 그 정도는 약했지만 비슷한 문제들이 있더구나. 문제의 정도가 적어서 결과적으로 현명한 선택이 되었지만 어느 조직이든 완벽한 곳은 존재하지 않는다는 것이 내 경험으로 얻은 결과란다.

노력에 비례하는 보상을 받지 못하는 것은 어쩌면 작은 문제일지도 몰라. 조직을 운영하는 임원급의 입장에선 그런 것은 어쩔 수 없는 경우가 많지. 능력이 뛰어나다고 갓 들어온 직원을 특별 대우한다면 경력 직원들은 상실감을 느낄 것이고 조직이 와해될지도 모르기 때문이야. 그렇게 나에게는 중요한 문제가 다른 사람에게는 그렇지 않은 경우도 많기 때문에 이직을 할 때는 신중을 기해야 하는 것이란다.

너에게도 다니는 회사에 문제는 있을 것이고 때려치우고 싶을 때가 오겠지. 동시에 다른 회사들은 아무런 문제가 없는 것처럼 보이기도 할 거야. 그러나 그곳에서 일하는 사람들도 너의 회사를 보고 같은 생각을 할지 모른단다. 어떠한 직장도 완벽한 곳은 없으며 때려치우고 간 그곳에도 또 다른 문제가 너를 기다리고 있을 거란다. 실력을 쌓고 조용히 때를 기다려라. 그리고 네가 그것을 바꿀 수 있을 위치가 되거든 그때 칼을 뽑아라. 네가 그럴 위치에 오르는 것이 불가능한 구조라면 더 나은 직장을 구한 다음에 떠나도록 해라. 실업자로 직장을 구할 때는 심리적으로 상당한 조바심이 나게 되므로 질 나쁜 직장을 고를 가능성이 높아진다는 것을 잊지 마라.

45

> ## 최고의 복수는 성공이란다.
>
> 너를 힘들게 한 사람보다도 더 높은 지위로, 더 부자로, 더 행복하게 사는 것이 상대를 해치는 것보다 현명한 것임을 명심하여라.

에피소드 1

예전에 교통사고 가해자로 몰린 사람이 그 억울함을 벗기 위해 무려 1년 반 동안 본업을 접어 두고 소송에 매달려 승소했다는 인간 승리 기사가 났다.

하지만 나라면 그러지 않을 것 같구나. 그 교통사고는 단순 차량 파손이었고 보험 처리하면 내 보험료만 약간 오르고 말 일이다. 향후 5년간 그로 인한 손실이 50만 원이라고 하자. 그러나 소송으로 보는 손실은 훨씬 크다. 시간 손실: 1년 반, 금전 손실: 월 소득을 150만 원으로 잡으면 150 x 18개월 = 2700만 원, 소송 비용(변호사비, 각종 교통비 등등) 1000만 원 잡자. 기타 스트레스까지 정리하면 이렇다.

1. 소송을 안 해서 손해 보는 것
- 향후 5년간 50만 원
- 기분이 더럽게 나쁘다.

2. 소송을 해서 손해 보는 것
- 1년 반의 시간 손실
- 3700만 원의 금전
- 소송 스트레스

50만 원이란 돈을 무시한다면 기분이 더럽게 나쁜 것 한 가지를 해소하기 위해 엄청난 손실을 본 것이나 마찬가지지. 부자들은 이런 감정을 컨트롤했기에 부자가 되었고 그래서 부자들은 대개 빈자들보다 현명하다는 말을 듣는 거란다.

에피소드 2
도깨비가 어떤 사람에게 "당신이 원하는 것은 뭐든지 갖게 해 주겠다. 단, 네가 싫어하는 친구는 그 두 배를 가져야 한다."라고 말했다. 그 말을 들은 사람이 "황금 한 바구니!" 하고 외치자 그의 발 앞에 황금 한 바구니가 생김과 동시에 그의 친구에게는 황금 두 바구니가 생겼다. 그걸 보고 억울하다고 생각한 그는 "내 팔 하나를 잘라 줘!"라고 외쳤고 그러자 자신의 팔 하나가 사라졌고 친구는 두 개가 사라졌다.

이처럼 다른 사람에게 복수하기 위해 자신에게 피해를 주는 것은 현명하지 않은 일이란다. 억울한 심정을 자신의 발전을 위해 투자하여 적보다 더 잘 사는 것. 그게 진정한 복수겠지. 혹시 스스로의 팔을 자르는 실수를 하지 않는가 잘 생각해 보렴.

자신을 괴롭힌 사람을 오랜 시간 후에 폭력적인 방법으로 복수하는 경우가 더러 있단다. 그렇게 한다면 순간적으로 후련하기야 하겠지만 그는 폭력에 대한 사법적 죄과를 치러야 하지. 악한 자에게 당했던 괴롭힘과 더불어 스스로의 마음을 통제하지 못한 자신에 의해 또 다른 괴롭힘을 당해야 하는 것이란다.

최고의 복수는 성공이란다. 너를 괴롭혔던 그놈이 우러러볼 수밖에 없는 높은 지위에 오르거나, 그가 가진 것보다 더 많이 가진 부자가 되거나, 행복한 가정을 꾸려서 세상 모든 사람이 부러워한다면 그것보다 더 완벽한 복수는 없지 않겠니. 너의 복수심을 자신의 발전을 위해 사용해라. 그쪽이 결과적으로 더 많은 것을 얻는 길일 테니 말이다.

"

46

세상이 네 구미에 맞게 바뀌기를 기다리지
말고 너를 세상에 맞추어라.

그것이 더 현명하다.

"

지도자를 뽑는 투표에서 상식적으로 볼 때 가난한 사람은 가난
한 후보자를 지지하는 것이 자신에게 유리한 정책이 나오고 그 혜
택을 볼 가능성이 커지겠지. 그러나 대개는 그 반대의 선택을 하
고 마는데 그것이 그들이 가난한 이유란다. 미국의 재벌 중에는
당대에 부를 이룬 사람이 많지만 한국 재벌들은 대부분이 상속을
받은 것을 보면 한국의 기득권은 세습되는 것이 확실한 것 같더
구나. 그들은 그 부와 권력을 지키기 위해 자신에게 유리한 규칙
을 만들었고 그들은 그것을 법이라 부르지. 법은 원래 최소한의
도덕이어야 하지만 지극히 비도덕적이고 불공평하며 그것을 해

석하는 것조차 자의적일 때도 있단다.

그래, 세상은 불공평하단다. 그리고 그것을 해결하는 방법은 두 가지가 있는데 하나는 혁명이고 다른 하나는 네 스스로가 그 권력자의(=부자) 지위에 오르는 것이겠지. 역사적으로 볼 때 시민들에 의한 혁명은 대개 정의로웠지만 성공보다는 실패한 경우가 많았고 나는 내 스스로가 부자가 되어 그 세계에 들어가는 것이 훨씬 수월하다는 것을 깨달았단다.

포기하고 준비하라(Give up & Prepare)

살다 보면 세상엔 온갖 문제점이 많다는 것을 알게 된다. 그것들의 본질은 인간의 이기심이 원인이기 때문에 바뀌는 것을 기다리는 것은 어리석은 짓이다. 회사의 경영진이 학력과 학벌이 높은 권위주의자라면 자기가 속한 부류의 사람들 즉, 고학력자들을 우대할 가능성이 클 것이다. 그래서 그 회사가 학력을 승진의 첫째 조건으로 하는데 자신이 그 조건에 맞지 않는다면 학력보다 실력을 중시하는 곳으로 이직해야 할 일이지 그 회사가 바뀌기를 기다리는 바보짓을 하지 않아야 한다.

사회의 여러 가지 문제점을 보면 그 문제들은 대개 그로 인해 이권을 얻게 되는 집단의 입김이 반영된 결과인 경우가 많아. 그들이 이권을 내려놓을 리 만무하므로 문제점이 바뀔 것이라는 기대는 버리고 현실에 적응하도록 노력해라. 그리고 조용히 더 나은 조직으로 갈 준비를 해 두는 것이 좋다.

"

47

정의가 승리하는 것이 아니라 승리하는
것이 정의란다.

명심해라.

"

암살당한 미국의 역대 대통령들, 갖은 박해를 당한 세계 각국
의 독립투사, 민주화 인사들. 그들이 그런 고초를 겪은 것은 단
하나의 이유에서 출발한단다. 기득권에 대한 도전.

그들의 희생으로 그들이 이루고자 했던 세상에 좀 더 가까워졌
고 우리는 그 혜택을 누리지. 하지만 부자가 되고 싶다면, 아님
평화롭게 살고 싶다면 정말 정말 미안하지만 그 선두에 서는 선
택을 하지는 마라. 특히 정의감이 넘쳐 정치에 지나친 관심을 가
진다면 거기에 쏟는 열정만큼 부자나 평화로운 삶을 살 가능성은

줄어들기 마련이니까.

대중의 시각에서 그들은 한없이 정의로웠지만 그들의 사상과 반대되는 정권이 권력을 잡은 시대에는 단지 정부 전복 세력에 지나지 않았단다. 역사 이야기나 매일매일 언론이 전하는 소식들은 사실 진실의 기록이 아니라—권력자의 입맛에 맞는—대중이 믿어야만 하는 허구일지도 모르는 거야. 새로운 소식들의 집합서인 역사는 승리한 자들의 기록이고 그런 허구가 수백 년간 지속된다면 후대의 사람들은 학살행위를 한 침략자들을 미화한 내용을 진실로 받아들이게 되겠지. 승리한 쪽이 정의로 인식되는 것이란다.

어떤 왕국에서 권력투쟁이 있고 도전자가 기존 세력을 제거했을 때 그 도전자의 방법이 반인륜적이라고 하더라도 그가 승리한 이상 그 나라의 역사를 기록하는 학자들은 그 기세에 눌려 도전자를 훌륭한 사람으로 기술할 거야. 그 기술들이 모여 역사서가 될 것이고 후세들이 읽게 되면 승리자가 써 내려간 왜곡된 진실을 받아들일 수밖에 없게 되겠지.

국가 간의 전쟁 또한 승리한 쪽의 과오는 쉽게 묻히고 패배한 쪽의 과오는 훨씬 더 부각되어 전쟁의 정당성을 부여하는 증거로 사용된단다. 승리한 쪽이나 패배한 쪽이나 인간들이 모인 집단일 뿐이고 정도의 차이가 있을 뿐 인간들은 항상 과오를 저지름에도 승리한 쪽이 정의로워 보이는 것은 바로 그 나라가 승리했기 때문이야.

두 사람의 다툼이 커져 법적 분쟁으로 번졌을 때도 승리하는 쪽이 반드시 정의롭기 때문에 승리하는 것은 아니란다. 그가 자신에게 유리한 증거를 더 많이 모았거나, 더 똑똑한 변호사를 선임했거나, 또는 주변 사람들을 뇌물로 매수한 결과일 수도 있어. 패배한 사람은 그것이 진실이 아니라고 아무리 강변해 봐야 아무도 그의 말은 믿지 않을 것이고 그는 부도덕한 사람으로 낙인찍히고 만단다. 그리고 대중은 승리한 사람을 정의로운 사람으로 받아들이게 되지.

어린 시절 읽은 대부분의 동화는 잘못을 저지른 사람은 벌을 받고 착한 사람은 행복하게 사는 것으로 끝나지. 순진하게도 우리는 '정의는 반드시 이루어진다.'고 믿고 있지만 실상은 전혀 그렇지 않단다. 권선징악은 동화 속 상상일 뿐인 거야.

네가 받아들이게 될 수많은 일들이 실상은 왜곡된 진실일 수도 있음을 알아라. 지나친 정의를 추구하다 도태되는 실수를 범하지 말고 일단 승리한 다음 정의로운 방향으로 상황을 이끌어 가는 것이 현명하다는 사실을 잊지 말렴.

48

" 실패를 두려워 말아라.

성공이란 실패의 맨 마지막에 오는 법이란다.

"

잭 캔필드와 마크 빅터 한센이 쓴 『영혼을 위한 닭고기 스프』는 세계적 베스트셀러 반열에 올랐는데 그 책이 나오기까지 출판사들로부터 무려 33번의 거절을 당했다고 하더구나. 우리나라의 유명 작가인 이지성 작가 역시 자기계발 원고를 80군데의 출판사에 보냈지만 단 한 군데도 연락을 받지 못했던 시절이 있었다고 해. 잭과 마크가 34번째 시도를 하지 않고, 이지성 작가가 고작 몇 군데 출판사에만 원고를 보냈다면 그들의 책은 빛을 보지 못했을 것이며 그들의 인생도 별 볼 일 없이 지나가지 않았을까?

아빠가 25살 늦은 나이에 영어를 배우겠다고 길거리에서 외국인을 찾아 대화를 나누고자 했을 때 아빠는 수많은 거절을 당해야만 했단다. 그러나 다음 외국인이 나타나면 다시 용기를 내 말을 걸었고 그걸 1년 동안 하다 보니 결국 영어를 터득할 수 있었지.

성공의 반대는 실패가 아니라 포기란다. 아무리 똑똑한 사람도 단 한 번에 성공을 거두기는 어렵지. 여러 실패를 거치며 개선해서 마침내 이루어 내는 것이 성공이기 때문이야. 실패 하나하나는 단지 제거해야 할 인자(因子)일 뿐인 것이고. 어떤 것을 만들기 위해서 시도 가능한 10가지 방법 중 단 한 가지만이 유효한 것이라면 네가 제거한 인자가 9에 근접할수록 성공에 가까워지는 셈이 되는 거지.

실패할 것이 뻔히 보이는 일을 하는 것은 분명 미련한 짓이지만 성공을 향한 길에 장애물이 없을 수 없고(그렇게 쉽다면 이미 누군가가 그 자리를 차지했을 테니) 그런 장애물로 인한 실패는 거쳐야 할 과정일 뿐 그 자체가 종착역은 아니란다.

네가 넘어져 무릎이 까졌을 때 내가 말했지. "다음에 또 넘어지게 될 거야. 그러나 걱정 마. 100번쯤 넘어지고 나면 어른이 되어

있을 테니까." 일부러 넘어질 필요는 없지만 넘어지는 것을 두려
워하지는 마라. 그것은 성장통이고, 생채기가 나으면 그만큼 성
숙해져 있을 테니까.

"
최고의 영양제는 건강한 밥상이고, 최고의
보험은 꾸준한 운동과 검진이며, 최고의
종교는 가족과의 행복한 시간이다.

누군가 만들어 놓은 프레임에 함몰되지 말고 그들의 시각
으로 바라보아라.
"

인간의 두뇌는 복잡한 것을 회피하고 단순화하여 경제적인 사
고를 하려는 경향이 있어. 이를 유목화(Categorization)라고 하는데
이를 마케팅에 활용하면 아주 좋은 효과를 볼 수도 있지. 대개 세
상을 두 개로 나누는 프레임을 동원하여 대중의 시선을 한 곳에
집중시키는 방법이 사용되는데 이런 이분법적 프레임을 가장 잘
활용한 분야가 정치야. 정치가들은 단순한 구호로 국민들을 선동
하여 자신들의 이익에 맞는 방향으로 여론이 형성되도록 유도한
단다. 또 상품을 판매하는 업자들은 자사의 제품과 경쟁제품 전
체를 둘로 구분하고 자사 제품에만 있는 기능을 부각함으로써 더

많은 소비자들이 자사의 제품을 지각할 수 있도록 유도하지. 그리고 그런 광고에 지속적으로 노출된 대중은 그것들을 구매하지 않으면 낭패를 볼 것 같은 착각에 빠지게 되는 거고.

제약사들은 영양제를 먹으면 아주 건강해 보일 것처럼 선전하지만 사실 최고의 영양제는 깨끗한 재료로 만든 건강한 밥상일 거야. 보험 상품을 구매하지 않으면 당장 병에 걸렸을 때 해결 방법이 없을 것 같지만 이 또한 몸에 해로운 기호품들을 멀리하고 꾸준하게 운동하고 정기적으로 검진을 받아서 애초에 그런 병이 발생하는 원인을 제거하는 것이 더 나은 방법이겠지. 특정 종교를 믿지 않는다고 해서 후세에 지옥에 간다는 것 또한 전형적인 이분법적 프레임이란다. 죽어서 천국에 가는 것보다는 살아서 가족과 갖는 행복한 시간이 바로 천국 아닐까?

사람들은 자신들의 이익을 위해서 프레임을 만들 뿐 타인을 위해서 만들지는 않는 것 같아. 그들이 왜 그런 프레임을 사용하는지 그들의 시각에서 바라보면 어렴풋이 보일 게다. 인간의 이기심이 만든 프레임이라는 족쇄를.

50

**❝ 삶을 살다 보면 잠시 후진 기어를 넣어야
될 때가 있단다.**

진급이 누락되거나 소득이 줄어들기도 하지. 가뭄에 대비
해 항아리에 물을 채워 두듯 자기계발을 하고 저축을 하는
등 대비해 두어라. 가뭄이 지나고 모두 목말라 쓰러졌을 때
가속페달을 밟을 때가 올 것이다. ❞

운이 좋아 별다른 노력 없이도 잘 나가는 사람을 볼 때가 있을
거야. 너에게 그런 운이 오지 않는다고 실망하지는 마라. 사실 운
만으로 성공하는 경우는 거의 없으며 그들의 성공은 우연히 온 것
이 아니라 오랫동안 준비하고 던져 둔 여러 개의 낚시 중의 하나
에 걸려든 것일 뿐이란다. 평소 영어를 사용할 기회가 없다고 하
더라도 꾸준히 준비해야 하는 것은 갑자기 생겨난 해외 출장 기
회를 잡아챌 핵심적인 조건이 되기 때문이듯 예측할 수 없는 미
래에 대비해서 네가 마련할 수 있는 것들을 깊고 넓게 준비해 두
어야 한단다.

아빠는 한 회사에서 설계부장으로 일할 때 생산부장이 공석이 되자 급여가 늘어나는 것도 아닌데 자진해서 그 자리를 같이 맡았어. 당연히 일은 많아지고 발생한 문제에 대한 책임까지 늘어 힘들었지만, 사서 고생한 그때의 경험은 다음 직장에서 시행착오를 확실히 줄여주었기에 스스로도 편했고 회사도 빠르게 발전시킬 수 있었단다.

현재 너한테 기회가 오지 않더라도 개의치 마라. 새로운 기회는 결국 준비된 자에게 주어지는 것이고 아빠가 미래의 기회를 잡기 위해 항상 그렇게 노력하듯 너도 끊임없이 준비하는 자세를 가지도록 하여라. 기회는 반드시 온다. 준비하고 기다려라.

사장이 되거든

51

아무도 믿지 마라. 너 자신 외에는.

네가 오너가 되었다면 항상 인간의 탐욕과 결부된 문제를 없애는 노력을 해야 해. 그렇지 않으면 회사의 안녕은 보장할 수 없단다.

아빠가 어떤 회사의 공장장을 맡게 되었을 때 자재 팀도 내 휘하에 들어오게 되었단다. A가 관리해 오던 그 부서를 내 직속 부하로 바꿨더니 원부자재 가격이 평균 15%나 떨어졌고 겨우 몇 달 만에 적자 폭을 8.5%나 줄일 수 있었다. A는 그동안 자재를 시중 가격보다 15%나 비싸게 사고 있었다는 말인데 왜 그랬을까? 그것은 자재업체가 그에게 리베이트를 주고 자재를 비싸게 공급하고 있었거나, 컴퓨터로 게임을 하고 웹서핑을 하느라 시중 가격을 파악하는 데 아무런 관심이 없었던 것이 이유였을 것이다. 부패나 게으름 때문에 오랜 기간 동안 대리인 비용이 발생한 것으로 그를 그렇게 방치한 사람 또한 직원에 불과한 CEO였단다. 그 역시 자신의 이익을 위해서 일할 뿐, 조직의 문제를 살필 열정은 없었던 것이었지.

내가 맡게 된 생산 1팀의 경우, 그동안 B가 구입하던 금형을 내가 나서니 1/3 가격에 구매할 수 있었어. 그가 관리하던 컴프레서의 경우 설명서에 30마력과 50마력이 각각 15L, 25L의 윤활유가 필요하다고 써 있는데 기안서를 추적해 보니 각각 20L, 40L씩 구매한 것으로 되어 있더구나. 그럼 그동안 그 차액만큼을 C가 리베이트를 받았거나 정비업체에서 부당 이득을 챙기고 있었다는 말이 되는 거지. 나는 새로 입사한 전기공으로부터 다른 업체를 소개받았고 그곳은 25%나 싼 견적을 올렸단다. 당연히 업체를 즉시 교체했고 다음에는 소모품들을 사서 전기공이 직접 교체하는 것으로 업무 프로세서를 바꾸어 추가 절감하도록 했어.

다른 어떤 회사의 경우 회계 직원 한 명이 납품 대금을 관리하였는데 사장이 잘 확인하지 않는 것을 알게 된 이 직원이 사장이 출장을 간 틈에 납품 대금이 입금되는 통장을 들고 외출을 나가서 돈을 찾아 잠적하려는 계획을 세웠단다. 다행히도 이를 실행하기 직전 사태를 눈치챈 사장이 은행에 연락해 범행이 실패로 돌아가게 되었다더구나.

월급쟁이 임직원 중 가장 높은 직위인 CEO는 매출과 손익 중 매출에 비중을 높게 두는 경향이 있는데 그것이 CEO의 한계를 보여 주는 것이란다. 중요한 것은 얼마나 팔았냐(=매출)가 아니라 얼마나 이익을 냈냐(=수익)이지만 그들은 너를 속이기 위해 규모를 커 보이게 할 가능성이 높단다. 특히 직원들이 개인 이익을 추구한다면 필연적으로 회사에 큰 손실을 끼칠 수밖에 없고 정도가 심하면 회사가 망하기도 하는데 이를 대리인 비용(Agent Cost)이라고 부르지.

네가 오너 사장(President)이 되거든 너 외에는 아무도 믿지 마라. 어떤 회사가 네 것이라면 회사의 이익이 너의 이익과 동일하므로 사장인 너는 당연히 회사에 가장 이익이 되는 방향으로 경영을 하게 될 거야. 가장 저렴한 자재를 구매할 것이고, 공장의 공간을 낭비하지 않을 것이며, 어떤 프로젝트가 장기적으로 이익이라면 단기간에 손실이 발생하더라도 강력하게 추진하게 되겠지. 그러나 네가 데리고 일하는 직원들은 그런 것에 관심이 없는 경우가 대부분이란다.

52

> 장사를 하려거든 동종업계에서 3년을
> 배우고 시작하거라.
>
> 정 그럴 여유가 없더라도 1년은 채우거라. 리스크가 따르
> 는 새로운 일을 할 땐 최소한 4계절은 겪어 보아야 한다.

구본형 씨가 쓴 『그대 스스로를 경영하라』를 보면 이런 글귀가
나온단다.

"평범한 사람들이 가시적인 효과를 거두기 위해서는 3년 정도
의 자기 계발 여정이 필요하다. 왜 3년일까? 참고 견딜 수 있는
가장 긴 시간이며, 성과를 낼 수 있는 가장 짧은 시작이기 때문
이다."

우리는 무엇을 하건 간에 혼자서 차고 나갈 실력을 갖추기 위

해서는 최소 3년 정도 배움의 시간이 필요하단다. 그 시간 동안 너는 현업에서 일하는 선배나 사장의 모습을 스폰지처럼 흡수해서 너의 것으로 만들어 두어야 한다. 3년의 여유가 없다면 최소한 1년을 채우는 것이 좋은데 이는 계절에 따라 생산성이나 매출의 차이가 발생할 수 있기 때문이야. 예컨대 네가 방금 시작한 사업이 절묘하게 성수기에 막 들어섰다면 너는 현재의 매출을 평균으로 착각해서 과도하게 공격적인 경영을 할 수도 있지 않겠니. 그런 불상사를 방지하기 위함이란다. 조급하게 생각지 마라.

53

" 하청 업체가 샘플을 가져오면 잘 보관해
두어라.

본 제품으로 다른 물건이 들어올 때 좋은 증거가 될 테니까.

"

예전에 아빠가 중국에 있을 때 일이란다. 다니던 회사에서 안전화를 몇백 켤레를 주문한 적이 있었는데 최종적으로 물품을 확인하는 자리에서 납품업자는 예전에 주었던 샘플과 거의 흡사한 짝퉁을 주며 가져가라고 하더구나. 샘플과 짝퉁을 동시에 놓고 보니 피혁의 두께며 밑창의 고무 재질, 박음질까지 모두 달랐는데 같이 놓고 보지 않으면 모를 정도로 형상이 비슷했지. 중국에 있던 또 다른 회사는 동절기 작업복을 주문하고 샘플을 받아 두었는데 본 물량은 무게가 가벼웠다. 내부 솜을 줄여서 납품한 것이야.

대부분의 업체들은 고객사에 샘플을 제시할 때 샘플 하나가 대량 주문을 이끌 수 있기 때문에 많은 시간을 투입해서 좋게 만들려고 노력한단다. 주의해서 만든 샘플이 본 물량보다 마무리가 나은 것은 이해하지만 쓰인 소재 자체를 다르게 하여 본 물량이라고 납품하는 경우는 사기라고밖에 할 말이 없지 않겠니. 샘플의 품질에 비해 지나치게 저렴하다면 특히 조심해야 한다. 가장 좋은 방법은 샘플을 잘 보관했다가 납품업자가 보는 앞에서 본 물량과 비교해 보는 거란다.

**거래업체와의 의사소통은 반드시 문서로
하여라.**

구두 약속이나 전화 따위는 증거가 남지 않아 오리발 내밀
기 일쑤다. 그러니 전화 통화 후 확인 메일을 받아라. 만약
문서를 보낼 수 없는 상황이라고 한다면 그와 통화한 내용
과 통화 시간을 년/월/일/시/분까지 적어 둬라. 유용할 때
가 있을 것이다.

99

예전에 중소기업에서 일하던 시절, 대기업 직원은 전화로 사양
변경을 통보하곤 했는데 나중에 문제가 생기면 그런 전화한 적이
없다며 오리발을 내밀곤 했단다. 그렇다고 원청업체 직원에게 증
거 없이 따지기도 어렵기에 그냥 참았는데 나중에 요령이 생기고
나니 중요한 사항은 팩스로 넣어 달라고 해서 증거를 남겼지. 팩
스를 받을 상황이 아니라면 나는 누가 언제 어떤 요구를 했는지
를 메모를 했고 나중에 그가 오리발을 내밀 때마다 당신이 "몇 년,
몇 월, 며칠, 몇 시, 몇 분에 전화를 해서 이러이렇게 말했다." 하
고 토씨 하나 틀리지 않고 답하였고 그러면 그들은 인정할 수밖

에 없었단다.

지금의 나는 그때의 경험으로 누가 중요한 업무를 전화로 요청할 경우 반드시 메일로 달라고 한단다. 그리고 우리가 보낸 메일을 잘 확인하지 않는 업체의 경우는 직원들이 메일을 보낸 후 그 내용을 프린트하고 전화를 하여 내용 설명을 한 후에 언제, 누구와 확인 전화를 했는지를 적도록 하지. 이것도 내게 가져와 결재를 받는데 그럼 나는 그 종이 뒤에 사인을 해 둔단다. 2중으로 확인을 하는 거야.

말로 하는 약속은 절대 믿으면 안 된다. 내가 한두 번 당한 게 아니란다. 부동산업자, 금융기관, 자동차판매상, 보험업자 등등의 사람들이 그럴듯한 말을 한다면 문서로 달라고 해라. 그들의 말이 정말 맞다면 문서로 확인해 주는 것이 어렵지 않을 테니까. 그리고 그 문서도 100% 믿지는 마라.

66

55

여러 마리 말 중에서 실제로 마차를 끄는 말은
따로 있단다.

그런 녀석들을 잘 잡아 두거라. 똑똑한 한 명이 천 명을 먹
여 살린다.

99

파레토 법칙이라는 것이 있단다. 이탈리아의 빌프레도 파레토
(Vilfredo Pareto)는 19세기 영국의 부와 소득의 유형을 연구했는데
인구의 20%가 80%의 부를 차지하고 있는 것을 발견했지. 그리고
이는 다른 시대, 다른 나라에서도 비슷한 유형으로 나타났으며
심지어 다른 성격의 통계에서도 비슷하게 나타났다고 해. 예를
들자면

• 20%의 고객이 80%의 매출에 기여하고

• 20%의 운전자가 전체 교통위반의 80%를 저지르며

• 20%의 직원이 80%의 업무를 수행한다 등등이지.

이처럼 회사 조직에서도 모두가 열심히 일하는 것이 아니란다. 물론 모두가 나태한 경우도 드물어. 대개의 경우 상위 10~20%, 중위 60~80%, 하위 10~20% 식으로 비율이 갈라지며 조직을 이끌고 나가는 소수의 핵심 인원, 비교적 단순한 업무여서 담당자를 쉽게 대체 가능하지만 조직의 규모를 유지하기 위해 필요한 볼륨 인원, 조직이 앞으로 나가는 것을 방해하는 불필요 인원 등으로 구성되어 있단다. 얼핏 보면 핵심 인원과 다른 사람들이 대단한 차이가 없어 보이기도 하지만 핵심 인원 한 명의 기여도가 다른 사람 수십 배에 달하기도 해. 그들을 잘 잡아 두어라. 불필요 인원은 해고 비용이 들더라도 정리하는 것이 좋을 거야. 고름은 살이 되지 않는단다.

"
사직한다는 말을 쉽게 하는 사람은 나가도록 해라.

결국에는 나갈 인간이니.

"

말이 씨가 된다는 말이 있지. 사람들이 내뱉는 말에는 은연중 그 사람의 사상이 포함되어 있고 그것은 언젠가 행동으로 발현하게 되어 있단다. 회사라는 조직이 완벽할 수 없는 만큼 일하는 사람 개개인은 자신의 기여도보다 적게 대우받는다는 생각을 할 수도 있는 것이고 그런 불만들이 쌓이면 이직을 고려하게 되고 실제로 이직하기도 한단다. 직장을 바꾼다는 것은 개인에게 있어 많은 손실과 리스크가 따르는 변화이므로 신중하게 결정해야 하지만 그렇게 중대한 결정을 쉽게 말로 내뱉는 것은 그가 신중하지 못하다는 뜻이고 그런 자들은 약간의 불만에도 충동적으로 이직을 할 가능성이 크단다. 그런 자가 있거든 대신할 사람을 미리 구하고 내보낼 계획을 세우는 것이 현명할 거야.

사생활에 있어서도 부부간에 어지간히 싸우는 것이 아니라면 이혼이라는 단어 자체를 사용해서는 안 돼. 한번 입 밖에 내놓은 말을 두 번 하는 것은 쉬운 일이고, 이혼이라는 말을 100번쯤 한 이후라면 실제로 그것을 고민하게 될 것이므로 애초에 그런 말을 쓰지 말고 그 원인이 발생하지 않도록 평소 부부간 많은 대화와 노력을 하는 것이 필요하단다.

57

> 근태가 안 좋은 사람도 내보내도록 해라.
>
> 아침에 제때 일어나지도 못하는 사람이 일 잘할 리 만무하니까.

직장 생활의 기본은 근무태도, 즉 근태라고 할 수 있을 거야. 출퇴근 시간을 정확히 맞춘다는 것은 그만큼 업무에 충실한 자세를 갖고 있다는 말이겠지. 파울로 코엘료는 "한 번 일어난 일은 다시는 일어나지 않을 수도 있다. 그러나 두 번 일어난 일은 반드시 다시 일어난다."라고 말했는데 참으로 통찰력 있는 말이라는 생각이 드는구나. 누구에게나 의도치 않은 일이 한 번쯤 일어나는 것은 이상한 일이 아니야. 그러나 같은 일이 두 번 반복되었다면 그 사람의 활동 영역이나 행동이 그런 일이 일어나기 쉬운 환경에 속해 있기 때문이겠지. 술을 마시지 않는 사람이 취객과 다툼이 있었다면 그런 일이 다시 일어나기 쉽지 않겠지만 매일 술을 마시는 사람이 다른 취객과 다툴 가능성이 높은 것은 당연하듯 조직 생활에서 근태가 나쁘거나 평소에 부적절한 행동을 자주 하는 사람은 그것을 계속할 가능성이 높고 그런 것조차 컨트롤하지 못하는 사람이 일을 잘하기는 쉽지 않단다.

술을 좋아해서 일주일에 2~3번 지각을 일삼던 동료들을 여럿 경험해 봤는데 그들은 술로 힘들어진 몸을 추스르는 데 근무시간의 상당 부분을 낭비하고 그로 인해 업무의 많은 부분을 완료하지 못하는 공통점이 있었어. 어떤 사람은 자기가 맡은 공장의 정리를 얼마나 안 했는지 작업 테이블 위에 버섯이 자라도록 방치해 두기도 하더구나. 조직 생활에 있어서 근태는 기본이고 기본이 안 된 사람은 대부분 일도 못하는 사람들이란다. 데리고 가지 마라.

58

> 여름벌레에게 겨울의 혹독함을 설명하려 애쓰지 마라.
>
> 너의 말을 이해하지 못하는 그들에게 시간을 낭비할 필요는 없다. 네 길을 묵묵히 가거라. 그리고 끝에 가서 네가 옳았음을 증명하면 된다.

이솝 우화에 나오는 개미와 베짱이의 교훈은 어린아이도 이해하는 것이지만 그것을 실천하는 것은 어른이 되어서도 쉽지 않은 일이란다. 겨울을 대비해서 봄부터 가을까지 준비를 해야 하지만 많은 사람들은 겨울이 오지 않는 것처럼 돈과 시간과 에너지를 낭비하지. 특히 경제 위기는 지역적으로, 국가적으로, 전 세계적으로 반복되어 왔고 가정이나 회사 같은 조직도 마찬가지란다. 여유 있을 때 미리 준비해 두어야 하는 것을 잊어서는 안 돼.

나는 내가 일했던 조직에서 관리가 부실하다는 것을 간파해서 사람들에게 혹독한 겨울이 올 것을 알리려 노력했지만 아무도 내 말에 귀를 기울이지 않더구나. 그들은 당장의 급여가 문제없이 나오므로 나 하나쯤 태만하다고 무슨 큰 문제가 발생할 것인가 하는 눈치였단다. 그러나 조직의 대부분의 사람들이 그렇게 행동한 다면 위기의 발생은 결국 시간문제일 뿐이지. 그때 나와 네 엄마는 귀를 막고 있는 그들을 내버려 두고 조용히 겨울을 준비했단다. 내가 맡은 부서는 최선을 다해 개혁하여 낭비를 막는 동시에 가정에서는 근검절약하고 투자하여 자산을 늘려 놓았어.

결국 조직은 아빠의 예상대로 파산을 하게 되었지만 직장을 잃어 미래를 걱정해야 하는 그들을 뒤로하고 넉넉한 자산을 토대로 조금도 걱정하지 않고 여유 있게 좋은 직장을 고를 수 있었단다. 나의 조언을 무시하는 그들을 설득하는 데 내 에너지를 낭비할 필요는 없지 않겠니. 나는 그들을 설득할 시간과 에너지를 우리 가족을 위해 투입했고 내가 옳았음을 증명했단다.

**언변이 능하고 네 귀에 듣기 좋게만
말하는 자가 바로 내부의 적이란다.**

그런 자를 경계하고 쓴소리하는 자를 중용해라.

99

예전에 중국에서 일했던 직장에서 적자가 누적되면서 납품업체에 자재 대금을 주지 못하게 되었단다. 그때 마침 본사에서 오너가 방문하기로 되었지. 그러자 CEO는 판매 대금으로 들어온 돈으로 자재 대금을 결제하는 것이 아니라 사무동 현관을 페인트로 칠하는 데 사용했단다. 자재 대금이 조금 밀렸다고 당장 문제가 발생하는 것은 아니지만 통찰력이 부족한 오너는 깔끔한 사무실을 유지한 CEO가 관리를 잘한다고 착각하더구나.

나는 CEO가 온갖 감언이설로 사람을 매수하여 자신의 이익을 챙기는 것을 수없이 보아 왔기에 조직이 얼마 못 가 파산할 것으로 예측했는데 그 예측은 몇 년 후 현실이 되었단다. CEO에게 아부하는 사람은 고속 승진하고 잘못된 것에 문제를 제기하는 사람은 오히려 진급이 누락되는 일이 반복되면 그것을 바라보는 하부 직원들의 뇌리에는 열심히 해도 아무 의미가 없다는 생각이 박히기 마련이고 조직은 결국 망하게 된단다.

딸아! 네게 필요한 사람은 듣기 좋은 말을 하는 사람이 아니라 잘못된 것을 개선할 방법을(귀찮고 듣기 싫을지도 모른다.) 제시하는 사람이야. 아부하는 자를 배척하고 노력하는 사람들을 중용하면 조직의 발전은 가속도가 붙고 오랫동안 호시절을 누리게 될 것이다. 중요한 것은 결국 사람이란다.

60

" 대중은 우매하고 쉽게 선동당한다.

언론이 전하는 정보가 때론 진실이 아니라 ─ 그들의 이익을 위해 ─ 대중이 진실이라고 믿어야 하는 거짓일 경우도 있으며, 대부분의 경우 우매한 대중이 가는 길과 반대로 가는 것이 생존 확률이 더 높음을 알아라. 네가 가는 길이 대중과 다르다고 해서 네가 틀린 것은 아니며, 다름은 단점이 아니라 장점임을 잊지 말아라. "

나치 독일에 선동의 신이라고 불린 괴벨스라는 사람이 있었단다. 그는 "나에게 한 문장만 달라. 그러면 누구든 범죄자로 만들어 줄 수 있다."라는 말을 했다고 알려져 있는데(실제 그러했는지는 정확하지 않다.) 이는 대중을 선동하기가 아주 쉽다는 것을 단적으로 말해 주는 것이겠지.

군중의 지적 수준은 모여 있는 사람들의 최하위 부류에 수렴하는 경향이 있고 그런 그들은 단순한 구호에 쉽게 휩쓸리기 마련이란다. 거짓인 정보를 진실인 양 믿게 되었을 때 그것을 바로 잡기 위해서는 엄청난 수고가 필요하고 시간이 지나 진실이 밝혀졌을 때는 아무도 그것에 관심을 가지지 않게 되고 만단다. 결국 대중이 선동당하는 순간 피해자의 손실을 회복할 기회는 이미 사라져 버리고 마는 것이다. 몇 가지 예를 들어 보자꾸나.

인민은 작은 거짓말보다 더 큰 거짓말에 속는다.

예전에 북한에서 금강산 댐 공사를 하였다. 남한 정부는 그 댐의 크기가 아주 커서 일시에 방류하면 서울이 수십 미터 물속에 잠긴다는 뉴스를 매일 방송하였고 전국적으로 강제 모금 운동도 벌였다. TV를 틀기만 하면 매일 방송을 해 대었으니 해외 언론의 시각을 접할 수 없던 당시의 일반 시민들은 그것이 진실이라고 믿게 되었다. 하지만 북한이 댐 공사를 한 것과 방류하면 남한에 피해가 있을 수 있다는 것까지는 팩트(fact)이지만 피해 규모는 상당히 과장된 선동이었다. 만약 당시의 뉴스가 사실이라면 북한의 금강산 댐이 여전히 건재하므로—물론 대응댐을 건설하긴 했지만—우리는 항상 불안에 떨어야 하지만 전혀 그런 것이 없지 않는가?

거짓말은 처음에는 부정되고 그다음에는 의심받지만 되풀이하면 결국 모든 사람이 믿게 된다.

미국에서 쇠고기를 수입하는 협상이 타결되었을 때 TV에서는 광우병으로 쓰러지는 소의 영상을 수없이 틀어 주었고 상당수 국민들은 수입 저지 시위까지 나갔었다. 이 경우에도 수입 협상이 불공정하고 광우병의 위험이 있다는 것은 팩트(Fact)이지만 그로 인해 먹기만 하면 많은 사람들이 광우병에 걸릴 것 같은 분위기를 조성한 것은 분명 선동이었다. 당시 광우병이 발생한 미국에서조차 그로 인한 피해 발생 확률이 교통사고보다도 낮은 것을 보면 걱정할 이유가 전혀 없었다는 말이다.

100%의 거짓말보다 99%의 거짓말과 1%의 진실의 배합이 더 효과적이다.
2016년 6월 23일 유럽 연합에 속해 있던 영국이 연합에서 탈퇴하는 국민 투표를 실시했고 탈퇴하는 것으로 결정되었다. 탈퇴로 인해 발생하는 손실이 이익보다 더 커 보였지만 찬성하는 쪽의 주장에 포함된 소수의 진실에 대중이 선동당해 버렸던 것이다. 투표에 참여한 사람들은 그것이 가져올 영향을 정확하게 간파할 정치경제학적인 소양이 부족한 보통 시민들이었다. 막상 탈퇴 결정이 나고 그로 인해 글로벌 기업들이 영국을 떠나고 사람들의 국가 간 이동이 불편해지는 바람에 직장이 줄어드는 부정적인 영향이 나타나자 이번에서 탈퇴를 하지 말아야 한다는 청원이 쇄도하게 되었다.

나에게 한 문장만 달라. 누구든 범죄자로 만들 수 있다.
국내 정치의 경우 기득권에 반하는 정치인이 등장하면 사소한 문제를 과장해서 지속적으로 보도하는 것을 볼 수 있으며, 기득권 정파 유력 정치인이 수사 대상에 들어갈 경우 그를 수사하는 사람의 약점을 언론에 노출시켜 도덕성에 타격을 주는 수법이 동원되기도 한다. 매일 반복되는 언론 보도에 시민들은 약점을 보인 수사관을 신뢰하지 않게 되고 그렇게 수사가 무마되어 버리는 일이 비일비재하다. 수사관을 다른 사람으로 교체하면 될 것 같지만 전임자가 몰락하는 것을 지켜본 후임자가 공격적으로 수사할 리 만무하지 않는가?

위의 여러 가지 예에서 보듯이 대중은 아주 쉽게 선동되며 선동을 하는 세력은 대개 자신들이 처한 정치적 위기를 타개하기 위해서나, 상대에게 피해를 입혀 자신들의 정치적 입지를 넓히는 수단으로 이를 이용하는 거란다.

특정 보도가 단기간 언론에 집중적으로 보도된다면 언론에 의한 선동을 의심해 보아라. 선동을 당하지 않으려면 제3자의 시각으로 너와 주위 사람 그리고 선동가를 잘 살펴보아라. 그들이 그런 말을 하는 이유가 과연 무엇인지? 그리고 그 보도를 믿는 사람들의 방향을 예상해 보고 그 반대쪽을 잘 살펴보아라. 이익은 아마 거기에 있을 테니 말이다.

> ❝
> ## 시스템을 만들어서 조직을 운영하거라.
>
> 한두 사람의 힘에만 의존하면 그들에게 끌려가게 되는 불상사가 생긴다. 일은 시스템이 해야지 사람이 하는 것이 아님을 명심하거라.
> ❞

내가 예전에 중국에서 일할 때, 옆 팀의 한국인 팀장은 초등학교를 졸업했는지가 의심스러울 정도로 무식한 사람이었는데 단지 한국인이란 이유만으로 수십 명을 거느리는 팀장이 된 거야. 그는 기계 조작 매뉴얼 따위를 만들 능력도 의지도 없는 사람이었는데 현장에 할 일이 없으면 사무실에서 인터넷으로 만화를 보는 것으로 시간을 때우곤 하더구나. 그러던 어느 날 포밍 설비를 조작하던 중국인 현장 직원이 급여를 두 배로 올려 주지 않으면 그만두겠다고 했는데 회사는 아무런 대책이 없었단다.

한국인 팀장이 설비 조작 업무에 보조 직원을 만들어 두지도, 자신이 배우지도, 매뉴얼을 만들어 두지 않았기에 그 현장 직원에 끌려갈 수밖에 없는 상황이었지. 조직은 그런 상황에 대비해 매뉴얼을 만들어 두거나 한 가지 직무에 사수, 부사수, 조수를 키워 둬야 하며 또한 여유가 있을 때는 설비별로 인원을 바꿔 가며 교육시켜 놓아야 해. 한국인 팀장은 중국인 작업자의 무리한 요구를 욕했지만 실상 문제의 원인은 그 시스템을 만들지 못한 그에게 있었고, 그런 그를 방치한 CEO에게 있었던 거야.

회사의 사세가 확장되면 인원이 부족하다는 이유로 자질이 부족한 사람이 높은 자리에 앉는 경우가 많아. 잠깐 동안은 그런 상태로 조직이 돌아가는 데 문제가 없겠지만 그것은 사상누각에 지나지 않는 거야. 적절한 몸값을 주고 인재를 구해서 기초를 다지고 비상시를 대비한 매뉴얼 같은 시스템을 만들어 두어야 한단다. 조직을 지탱하는 것은 시스템의 견고함이니까.

착한 리더가 되지 말고 강한 리더가 되어라.

역사상 강력한 제국 뒤에는 언제나 강한 리더가 있었다.

99

예전에 내가 공장장의 직책을 새로이 맡아 쓰러져 가는 조직을 재건하기 위해 여러 가지 개혁을 추진한 적이 있었단다. 그때 나의 개혁 활동이 불편한 부하 직원 중 하나는 직원들이 내 욕을 하고 다닌다며 나의 행동에 불만을 표출하더구나. 그러나 나는 아무런 상관을 하지 않았어. 아니 그게 무슨 문제겠니? 만약 모든 직원들이 내가 나쁘다고 말한다면 나는 정말 나쁜 사람이고, 모든 직원들이 내가 좋은 사람이라고 말한다면 나는 쓸모없이 유약한 사람이라는 말이 되겠지. 하지만 일부가 내가 좋다고 말하고, 일부는 그렇지 않다고 말한다면 나는 정상적인 범위에 드는 상관이란 뜻이란다. 나는 그의 말은 신경 쓰지 않았으며 좋기도 하고 싫기도 하다는 직원들의 평가에 만족했단다. 만약 그가 또다시 내게 도전하려 한다면 나는 그를 해고하려 했을 거야. 당시의 나는 내가 통제하지 못하는 다른 부서 30명까지 포함해 140명의 목숨을 살려야 했고, 1명의 투덜이 때문에 개혁을 멈출 수는 없었으니까.

다른 사람에 비해 20% 수준의 업무를 겨우 하던 동료를 그냥 방치해 두었던 상관은 그 무능함 때문에 쫓겨나게 되었는데 자신을 위한 송별회에서 "어떻게 몇 년간 같이 일하던 부하 직원을 내보내느냐? 차라리 내가 나가야지."라고 말하더구나. 나는 속으로 울화가 치밀어 올랐어. '무능력한 몇 명을 처단하지 못하는 당신의 그 썩어 빠진 우유부단함 때문에 이젠 140명 조직 전체가 위험에 처했어. 당신이 자리에 연연하지 않는 것은 내 알 바가 아니지만 나를 포함한 조직 전체가 위험에 빠진 것은 순전히 당신 잘못이야.'

망망대해에서 침몰하는 배의 선장이라면 모두를 살리려는 불가능한 일에 도전할 것이 아니라, 살릴 수 있는 최대한의 인원을 선정하고 나머지는 과감하게 포기해야 하지. 그 결단을 내릴 수 없는 우유부단한 자는 애초에 선장이 되어서는 안 되는 거란다.

63

" 최악을 대비해라.

큰 이익 10번 후의 손실 한 번으로 모든 것을 잃을 수도 있다. 그때를 대비해서 플랜(PLAN) B를 만들어 두어라.

"

부동산 활황기가 지나고 나면, 곧 무리한 투자로 집이 경매에 넘어갔다는 소식이 들려오곤 하지. 수십 채를 가진 집주인이 파산하여 세입자들이 거리에 나 앉게 되었다는 뉴스도 심심찮게 들려오고 말이다. 주식도 마찬가지란다. 폭등기가 되면 차입을 통해서 조달한 자금으로 투자 금액을 늘리기도 하는데 갑자기 폭락장을 맞게 되면 보유 물량을 전부 날리는 일이 발생한단다. 모두 호황이 계속될 것이라는 탐욕이 만든 징벌이지.

회사를 경영할 때, 지금의 호황이 계속될 것이라는 장밋빛 전

망에 무리하게 차입하여 공장을 확장하고, 몇 년 치 자재를 사 놓기도 하지. 규모를 늘릴 때는 현재의 작업장이 좁아서 도저히 일을 할 수 없을 때까지 기다렸다가 실행하고, 늘렸을 때 차입이 있다면 그것을 해결할 방법을 준비하고, 그 방법이 실패할 때를 대비해 플랜 B까지 마련해 두어야 하지만 내공이 부족한 초보 사장들은 그런 대비들을 하지 않다가 큰 곤경에 처하곤 해.

부자를 구분하는 기준은 '지금 가진 것을 지키려 하는가?'라는 말이 있단다. 즉, 더 많은 것을 얻기보다는 잃지 않는 데 초점을 맞추기 때문에 속도가 느려도 실패 없이 꾸준히 발전하는 것이지. 그것이 부자들이 수익률 몇 퍼센트 되지도 않는 부동산을 끼고 있는 이유이기도 해.

어떤 젊은 사람이 무리하게 상가를 3개를 동시에 열었다가 실패했다는 말을 했을 때 나는 이렇게 답했단다.

빚으로 상가 3개를 매입하지 않고, 1개는 빚 없이 + 1개는 빚 50% 정도로 욕심 없이 가져갔다면 어땠을까 싶네요. 소득은 33%가 줄어들었겠지만 리스크는 66%가 줄었을 겁니다. 그 결과 과도한 투기를 한 다른 사람의 상가를 헐값에 매입할 기회가 왔을지도 모르죠.

저한테 여러 가지 투자 기회가 생기는데, 결정을 할 때 제일 중요하게 생각하는 것이 바로 리스크입니다. 쉽게 버는 돈은 반드시 함정이 있기 마련이고, 그 함정에 빠졌을 때 가정 경제가 감당할 수 있는가를 엑셀을 이용해 계산해 봅니다.

직장이 문을 닫았을 경우에도 대출을 갚을 방법이 있는가? 부동산 가격이 폭락해서 은행의 압박이 들어오지는 않을까? 종부세, 종소세를 감당할 수 있을까? 등등 여러 가지 경우의 수를 가정해서 프로그램을 돌려 봅니다. 잃지 않는 게임을 하는 거죠. 미련한 자는 게임을 시작한 다음에 이길 방법을 궁리하지만, 현명한 자는 미리 이겨 놓고 게임을 하죠.

40살을 불혹이라고 하죠. 좀 더 많이 벌겠다는 유혹, 사치하고 싶은 유혹 등등을 연륜으로 뿌리칠 수 있는 나이가 40이에요. 그래서 현인들은 40 전의 돈은 내 것이 아니라고 하죠. 어려서 그랬던 거예요. 어른들의 말을 꼰대라고 하지 않고 내가 그런 말들을 할 나이가 되면 그땐 잃었던 돈들이 다시 내 것이 되어 있을 거예요.

그는 호황에 취해 있었고 만약을 대비한 플랜 B가 없어. 물 들어올 때 노를 저어야 하는 것은 맞는 말이지만 한 번에 너무 많은 노를 젓다가는 그것을 놓쳤을 때 아무런 대책이 없게 된다. 항상 최악을 대비해서 플랜 B를 준비해 두어라.

남자를 만날 때

> ❝
> 이번 단원을 시작하기 전에 먼저 남녀 간의 관계에 대해 오랫동안 내가 생각해 온 바를 말해 보고자 한다.
> ❞

생물학적으로 가능한 자손의 최대 숫자

여성은 보통 13세 전후부터 50세 전후까지 약 37년($37 \times 365.2422 = 13{,}514$일)에 걸쳐 생리를 한다. 월경 주기가 28일이라고 한다면 임신하지 않을 경우 평생 483번쯤—수정하지 못하고—죽은 난자를 생리를 통해 몸 밖으로 내보내는 고통을 겪게 된다. 매번 새로이 생산하는 남성의 정자와 달리 여성의 난자는 애초부터 그만큼 몸에 가지고 태어난다고 하니 복제나 일란성 쌍둥이가 아닌 이상 난자 하나 하나를 모두 수정시킨다 하더라도 1명의 여성은 483명이 넘는 자손을 가질 수가 없다. 사람의 임신 기간은 280일

(=9.3개월) 정도이므로—난자를 채취하여 시험관 아기를 만드는 등의 방법을 빌리지 않는—정상적인 부부 관계로 자녀를 갖는다면—쌍둥이를 갖는 경우를 제외하고—48명(=13,514일/280일)이 최대로 가질 수 있는 자녀의 수이다.

남성은 보통 15세 전후에 몽정이 시작되고 죽을 때까지 성교가 가능하므로 어떤 남성이 15세부터 85세 사망 시까지 매일 사정을 한다면 약 25,567번(=70년x365.2422일)의 사정을 할 수 있다. 1회 사정 시 많게는 3억 마리 이상의 정충이 나오므로 정력이 좋은 남성 1명은 이론상 7조 6708억 명의 자손을 가질 수 있다.

위의 근거와 같이 여성은—어차피 많이 낳지도 못하므로—태어날 자손의 질적 수준을 높여 생존 확률을 늘리는 쪽으로 진화하게 되었고, 남성은 넘치는 씨(?)를 최대한 많이 퍼뜨려 우성이든 열성이든 양을 늘림으로써 생존하는 숫자를 높이는 쪽으로 진화해 왔으며 이것이 상대적으로 남편의 외도가 아내보다 흔한 이유일 것이라 생각된다(여성이 남성을 유혹할 경우 무언가 얻고자 하는 경우가 대부분이지만, 남성은 섹스 그 자체가 목적인 경우가 많다.). 역설적으로, 유인원과의 큰 차이를 보이지 않았던 초기 인류부터 현세에 이르기까지 생존 경쟁에서 이긴 '강한' 수컷이 더 많은 암컷을 차지하고 우월한 유전자를 남기면서 우리 현생 인류의 생존성을 높이게 되었을 것이다.

수컷 선택에 있어서 암컷의 본능

이런 경향(암수의 생식 능력의 차이)은 대부분 고등 동물에서 동일하게 나타나고 생물학적 자손의 숫자에 한계가 있는 암컷은—자손에 있어서—양보다는 질을 택하는 전략을 취하게 된다. 어차피 많이 만들지 못하니 우수한 형질의 소수의 자손을 얻고 그 자손을 최대한 잘 보호하려는 본능을 가지게 되는 것이다. 그 본능은 현대 여성의 이성 선택에 큰 영향을 미치게 되었는데 몇 가지 특징을 보면 아래와 같다.

1) 키가 큰 남성을 선호한다

(1) 수렵 생활을 하던 원시인의 경우 키가 커야 빨리 달릴 수 있다.

(2) 몸이 커야 야생동물과 싸워 이겨 고기를 얻을 수 있다(=굶어 죽지 않는다.).

(3) 침략해 오는 타 종족으로부터 여자와 자녀를 보호할 가능성이 커진다.

(4) 키 큰 자녀를 가질 가능성이 크므로 자녀의 생존 확률 또한 커진다.

1-1)의 현대판 버전은 자동차이다. 빨라 보이는(실제로 빠른 것은 그리 중요하지 않다.) 자동차를 소유한 남성은—원시 여성이 빠른 남자가 사냥을 잘할 것이라고 생각했듯이—여성의 선택을 받을 확률이 높다는 것을 본능적으로 알기 때문에 스포츠카에 열광

하고 속도 경쟁을 하기도 하며 승리할 경우 정복욕을 느끼게 된다. 이 내용은 아래에 '남자가 자동차에 집착하는 이유'에 자세히 설명하겠다.

1-2)는 1-1)의 결과이기도 하며, 현대에 있어 곧 돈을 의미한다. 동물의 고기를 마음껏 살 수 있는 돈을 많이 가진 남성의 경우 키가 작아도 여성의 선택을 쉽게 받게 되는 것이다. 물론 큰 키가 사냥의 성공 확률을 높여 주지만 이미 많은 고기가 확보된 마당이므로 작은 키는 더 이상 제약이 되지 않는 것이다.

1-3)의 현대판 버전은 관계(Relationship)이다. 쉽게 말해 '빽'을 찾게 되는 것이다. 현대인들은 어떤 문제가 발생했을 때 그것을 해결해 줄 능력을 가진 사람을 끊임없이 찾게 되고 그 결과 그런 능력을 가진 사람끼리 권력의 품앗이를 하게 되는데 우리는 그것을 기득권이라고 부른다.

1-4) 충분한 재력을 가진 2명의 남자가 있고 그중 한 명은 다른 한 명보다 재력이 떨어지지만(물론 여전히 충분하지만) 키가 크고 잘생겼다면 여성은 키가 크고 잘생긴 쪽을 선택하게 된다. 어차피 생존에 충분한 고기를 가지고 있다면 후대의 생존 확률을 높이는 쪽을 택하는 것이다.

2) 좋은 집을 원한다

(1) 맹수, 타 종족, 타 가족의 침략으로부터 보호받을 수 있다.

(2) 추위로부터 보호받을 수 있다.

2-1)의 현대판 버전은 1-2)와 같다고 할 수 있다. 편안할 안(安)의 계집 '녀(女)' 자 위 '갓머리(宀)'는 집을 의미하는데 이는 여자는 집에 있어야 안전하다는 말이다. 즉, 육체적으로 연약한 여자를 외부 침입자로부터 보호해주는 집이 있어야 한다는 것이다. 좋은 집은 곧 편안함과 안전을 의미하고 여성은 불안감 없이 자손을 양육할 수 있게 된다.

그래서 여자는 경제적 여유가 있으면 안정적인 생활을 보장하는 집을 구매하는 것을 택하고(복부인은 있지만 복남편이 없는 이유이다.), 남자는 더 쉬운 사냥을 보장해 주는 빠른 발, 즉 차동차를 사게 되는 것이다. 그렇게 자동차는 남자들에게 자유와 모험을 통해 더 많은 사냥을 하게 만들어 준다.

남자가 자동차에 집착하는 이유

남자: 스피드, 여자: 부의 상징

아프리카 탄자니아의 세렝게티. 폴이라는 이름을 가진 요리사가 울타리도 없는 평원 한가운데 친 텐트 속에서 하루를 묵은 우리는, 다음 날 아침 똑같이 폴이라는 이름을 가진 가이드가 운전하는 토요타 랜드크루즈를 타고 야생동물을 찾으러 나섰다. 그날,

캠프 사이트(Camp Site)에서 겨우 수십여 미터밖에 떨어지지 않은 곳에서 운 좋게도 늙은 수사자의 아침 식사를 지켜볼 수 있었다.

'동물의 왕국' 같은 프로그램에 익숙한 시청자라면 수사자는 으레 거들먹거리며 나타나 여러 마리의 암사자들이 사냥해 놓은 먹이를 게걸스럽게 먹어치우기만 하는 존재로 각인되어 있을 것이다. 그러나 그날 내가 봤던 늙은 수사자는 서열에 따라 하이에나와 황새가 식사를 마치길 기다릴 뿐 혼자였다. 늙은 수사자는 왜 쓸쓸히 혼자 식사를 하고 있었을까?

보통의 사자 무리는 한 마리의 건장한 수사자와 여러 마리의 암사자 그리고 성장하지 않은 새끼들로 구성되어 있다. 수사자는 각 암사자와 교미하여 여러 마리의 새끼를 가지게 되는데 그 새끼들이 커서 성체가 되면 암컷들만 남고 수컷들은 반드시 무리를 떠나야 한다(쫓아낸다). 갈기가 아직 풍성하지 않은(=사람으로 치면 턱에 솜털이 돋아날 10대 후반쯤 되는) 나이에 무리를 떠난 젊은 수사자들은 하나 혹은 여러 마리씩 무리 지어 스스로 사냥하며 전투 능력을 길러 건장한 수사자로 성장한다.

그런 젊은 수사자에게는 1) 먹잇감을 사냥하고, 2) 다른 지역에서 교미의 대상을 찾기 위한 빠른 발이 필수적인데 그 빠른 발이 현대 인간 세계에 있어서는 자동차에 해당된다. 많은 젊은 남자들이 자동차를 1) 출퇴근의 용도, 2) 이성을 찾는 도구로 여기는 것도 결국 같은 이유에서 기인한 것이다. 원시시대의 빠른 발을 가진 남자는 빠른 말(馬)을 가진 남자로 변했고 이제 빠른 자동차를 가진 남자로 변했다. 그 선택적인 진화의 결과로 남자들은 스포츠카를 좋아하고 그것으로 경주를 하며 경쟁자에 대해 자신의 우월성을 과시하곤 한다(옆에 여자가 타고 있다면 더 멋진 그림이 나오는데, 빠른 발을 가진 원시인 남자를 배우자로 둔 원시인 여자와 다를 게 없다.). 재미있는 것은 남자들은 원시시대의 특성 그대로 여전히 사냥감을 쫓는 스피드를 중요시하고 여자들은—빠른 발보다 그것이 가져다주는 사냥감이라는 결과물이 더 중요하듯이—경제력을 추측할 수 있는 비싼 차량을 더 선호하는 차이를 보인다는 것이다. 예를 들어 닛산 GTR의 경우 람보르기니보다 빠르기 때문에 남자들의 선호도가 높지만 여자들은 비싸 보이는(=경제력을 알 수 있는) 람보르기니를 선호하게 되는 것이다.

다시 사자로 돌아와서, 수사자들은 원래의 가족이 있던 곳에서 먹이 경쟁을 하지 않고 되도록 멀리 떠나게 되는데 이는 근친교배를 차단하는 자연의 섭리다. 새로운 곳에서 사자 가족을 만난 젊은 수사자는 그 가족을 이끄는 수사자와 결투를 벌여 그 가족을 빼앗곤 한다. 전투의 승패는 누가 더 강한가에 달려 있는데 상대가 노쇠한 수사자인 경우 게임은 쉽게 끝나고 늙은 수사자는 젊은 수사자에게 왕국을 넘겨주고 떠나야 한다. 새로운 왕이 된 젊은 수사자는 늙은 왕의 새끼들을 모두 물어 죽이는데 그래야 암컷들이 교미를 할 생각을 하기 때문이다. 젊은 수사자는 그의 체력이 허락하는 한 그곳에서 오랫동안 왕의 자리를 지키게 될 것이고, 쫓겨난 늙은 수사자는 남은 여생을 홀로 살아가다 쓸쓸히 생을 마감하게 된다.

그런데 젊은 수사자가 늙은 수사자에게 도전할 때 암사자들이 늙은 수사자를 도운다면—암사자 3~4마리는 젊은 수사자와 전투 능력이 대등하므로—아마도 늙은 수사자가 이길 수 있을 것이다. 암사자들은 왜 그러지 않을까? 단지 젊은 수사자에 대한 공포심 때문일까? 만약 늙은 수사자를 공격하는 동물이 하이에나였다면 암사자들은 하이에나의 등뼈를 아작냈을 것이 분명하지만 그들이 그러지 않는 것은 아마도 암사자들이 보다 건강한(=젊은) DNA를 선호하기 때문이지 않을까?

인간이 동물에 가까운 생활을 하던 수만 년 전의 한 마을. 결혼 적령기에 도달한 여자 하나를 두고 남자들이 경쟁을 한다. 그들은 싸움을 통해 승자를 가리는데 당연히 체격이 크고 용맹한 남자가 승자가 된다. 원시시대에 있어서 체격이 크고 용맹하다는 것은 더 많은 사냥감을 획득할 수 있음을 의미하므로 여자는 자신과 태어날 후손의 생존에 대한 걱정을 덜게 되고 그의 유전자를 받은 아이 역시 큰 체격을 가질 가능성이 크므로 이 역시 생존 확률이 높음을 의미한다. 그런 원시인 남자의 육체적인 힘은 현대에 와서 곧 돈을 의미하게 된다. 아직도 원시시대의 습성이 남아 있는 현대 여성들은—가족을 보호하는 능력이 뛰어나고, 건강한 자손을 볼 가능성이 높은 DNA를 가진—키가 큰(=강한) 남자를 선호하기는 하지만, 돈이 많다면 작은 키로도 생존에 필요한 자원을 충분히 공급할 수 있으므로 돈 많은 남자 역시 좋은 평가를 받게 된다.

남자는 왜 여자보다 키나 덩치가 큰가?

1) 남자가 큰 이유

키가 큰 남자는 야생동물의 사냥 등 생존 경쟁에서 유리하고 여자들의 선택을 받을 확률이 높아서 결과적으로 그런 형질을 가진 우성 남자들의 DNA가 유전될 가능성이 높았을 것이다. 그렇다면 남자는 왜 여자보다 더 큰 것일까? 현대 대부분의 사회도 그러하듯이 원시시대 가정의 성 역할 역시 남자가 식량을 확보하고 여자가 자녀를 양육하는 지금의 형태와 비슷했을 것이다. 젖먹이 아이를 안고 사냥을 할 수는 없는 노릇이므로 남자 쪽이 사냥을 하는 것이 경쟁력이 높았을 것이므로 가정에서 여자보다 남자가 큰 키를 가지는 쪽이 그 반대보다 생존에 유리했을 것이다.

2) 여자가 작은 이유

남자가 큰 키를 가지는 것이 생존에 유리했다고 하더라도 여자들이 작아야 하는 이유가 될 수는 없을 것이다. 그럼 세계의 모든 종족에서 왜 여자가 여전히 남자보다 작은 것일까? 아마도 그것은 당시의 부족한 식량 사정을 고려하면 적은 식량을 소비하는 작은 몸을 가지는 것이 유리했을 것이고 사냥 등의 생산적인 일에 큰 키가 필요한 남자와 달리 작은 여자들이 있는 그룹이 더 높은 생존율을 보였기 때문일 것이다.

보편적으로 남편의 나이는 왜 부인보다 많은가?

1) 생리를 시작하고 그것에 대해 배우게 되는 여자는 본능적으로 양육의 책임감을 느끼게 된다. 그렇게 여자들은 남자들보다 정신적으로 빨리 성숙하기 때문에 4살 정도의 차이가 있어야 정신연령이 비슷해진다.

2) 의무 복무 제도가 있는 한국은 남자들에게 2년간의 사회적 단절을 강요하고 이는 사회적 성숙을 가로막는 원인이 된다(물론 군대에서 배우는 위계질서는 아주 훌륭한 예행연습이 되기도 한다.). 원만한 결혼 생활을 하기 위해서는 부부가 비슷한 생각을 하는 것이 필요하고 이를 위해서 남자들에게 요구되는 사회적 성숙의 기간에서 2년의 손실을 회복할 시간이 필요하다.

3) 배우자 선택 시기는 가장 상품적인 가치가 높은 상태(=나이)에 수렴해 가기 때문이다. 결혼시장에서 가장 매력적인 여성은 예쁘고 건강한 여성이고, 가장 매력적인 남성은 돈이 많거나 그럴 가능성이 높은 남성이다. 건강한 여성이란 곧 젊은 여성을 말하므로 여자는 젊을수록 그 가치가 높다. 반면 남자는 돈을 잘 버는 것이 결혼 시장에서 가장 중요한 조건이며 이는-연봉이 높으려면 경력이 필요하므로-남자들의 나이를 상승시키는 원인이 된다.

"남자는 여자를 부양하고자 하는 생물학적 욕구를 가지고 있다."
_존 그레이

그래서 남자가 여자를 찾을 때는 성적 매력(=미모, 몸매)을 제일 먼저 보고, 여자는 남자의 경제력을 먼저 본다. 이것은 남자는 성욕을 풀 대상(=2세를 만들고자 하는 본능)을 찾는 것이고, 여자는 자신과 2세의 미래를 보장할 돈을(가진 남자를) 찾는 것이라고 할 수 있다. 그 과정에서 남녀가 데이트를 하며 소비를 하는 것도 결과적으론 남자의 성욕 해결을 위해 돈을 쓰는 것이다. 여성들은 사랑이나 낭만을 기대하지만, 대개 남자들의 머릿속은 '이 여자를 어떻게 자빠뜨릴 수 있을까?'라는 생각으로 가득 차 있다. 그게 수컷이다.

결혼을 해야 하는가?(여자)

이런 관점에서 볼 때, 당신이 독신주의자가 아니라면 당신은 당신의 성적 매력이 사라지기 전에(=당신의 가치가 낮아지기 전에) 짝을 찾는 것이 아주 중요하다고 할 수 있다. 불공평하게도 남성의 생식 능력은 80살이 되어도 살아 있지만, 여성은 40세를 넘으면 아주 힘들어진다(=임신이 어렵다). 그래서 남자는 40살이 넘어도 돈만 있으면 20대의 여자를 만날 수 있지만 여자는 그렇지 않다. 불공평하게 보이지만 그게 현실이다. 예전에(40대 중반이었을 때이다.) 명절에 한국에 갔을 때 내게 건물이 있는 것을 알게 된 동네 아줌마가 나의 나이나 결혼 여부도 묻지 않고 "내 딸이 2명이 있는데 어떠냐?"라고 물었다. 그리고 부동산 사무실에서 만난 어떤 아줌마도 "색시를 소개시켜 주겠다."라고 말했다. 그 두 아줌마들은 나의 경제 능력이 딸들의 생존을 보장해 준다는 것을 본능적으로 알아챘다는 것이다. 이게 현실이다.

내가 지금의 아내를 만나기 전에 주변 소개와 업체를 통해 10여 번 맞선을 본 적이 있다. 좋은 기억, 나쁜 기억이 있지만 확실한 건 좋은 경험이었다는 것이다. 나는 당신이 맞선 같은 그런 계산적인 만남을 싫어하더라도 여러 번 시도해 봐야 한다고 생각한다. 횟수가 거듭될수록 남자를 보는 안목이 늘 것이고 당신과 같은 고민을 하는 남자를 만날 수도 있을 테니까. 그리고 중요한 것은 당신에게 남은 시간이 얼마 없다는 것이다. 인간으로 이 세상에 태어났으면 최대한 많은 것을 보고 경험해 보는 것이 타산 맞은 일 아닐까? 다시 오지 않을 인생이니 데이트도 실컷 해 보고, 행복한 성생활도 하고, 자녀도 낳고 그렇게 살다 가는 게 좋지 않을까?

과도한 여성의 권리 향상은 인구절벽을 부추기게 된다

아내의 옛날 직장 상사였던 한 여자는 6년 전 당시 33살이었는데 평균을 2배 이상 상회하는 1만 위안의 월 소득을 올리고 있었다. 그녀의 높은 소득은 사냥감을 잡아 올 남자의 필요성을 느끼지 않게 만들었고 독신으로 여러 고급 취미들을 즐기며 살았다. 독학으로 공부하여 나중에 변호사가 된 그녀는 2020년 현재 39살이 되었고 그녀의 높은 지위와 소득에 걸맞는 남자를 찾는 것은 요원한 일이 되어 버렸다.

잘 생각해 보자. 결혼 시장에서 남녀의 능력을 각각 A, B, C 등급으로 나누고 성혼률을 분석해 보면 다음과 같은 경향이 나타난다.

남자		여자
		A
A	+	B
B	+	C
C		

전문직 공부를 하느라 30대 중후반이 된 남자가 경제적 능력에서 A등급을 받았을 때, 소득이 높지만 나이가 많은 A등급의 여자와 소득은 적지만 나이가 젊은 B등급의 여자를 놓고 선택을 하게 된다. 이미 경제적인 문제가 해결된 마당에 나이든 여자를 선택할 리 만무하므로 B등급의 매력적인 여성을 선택할 가능성이 높고 이런 경향은 그 하위 단계까지 이어져서 결국 A등급의 여자와 C등급의 남자만 남게 된다.

여자의 경우도 과거 동굴에 살던 원시인이 그랬듯, 자신보다 사냥감을 더 잘 구해 올(=경제적 능력이 뛰어난) 남자를 선호하는 것이 본능이기에 자신보다 위쪽을 바라보는 성향을 보여 한 단계 위의 남자와 결혼할 가능성이 크다(이것도 성적 매력이 풍부한 20대 초~중반을 넘기지 않았을 때까지만 해당한다.).

위의 결과로 여성의 권리나 소득의 향상은(그것이 능력에 따라 공정하기만 하다면 문제될 것은 없지만) 혼인율을 떨어뜨리는 결과로 나타나고 이는 외국의 연구 사례에서 증명되고 있다. 더구나 현재의 뉴질랜드나 한국처럼 남성에 대한 역차별이 심해진다면 남자들이 여자들을 만나거나 결혼을 하는 것에 공포심을 느끼게 되어 독신을 선택하게 되고 낮은 출생률이라는 결과로 나타나게 된다. 그래서 여성들의 과도한 요구는 해당 국가의 존폐 위기로 발전할 수 있는 것이다. 여성 우대 정책으로 현재의 여성들이 몇십 년 동안 혜택을 볼 수는 있겠지만 국가가 사라지고 나면(나라를 지킬 젊은 남자가 태어나지 않으면 외세의 침략을 받게 될 테니) 무슨 소용이란 말인가?

승리한 수컷의 암컷 독식

5~6년 전 딸아이가 다니던 유아원 교실은 남녀 비율이 3:2 정도 되었다. 교육비가 제법 비쌌던 그곳에는 경제적 여유가 있는 집안의 자녀들이 대부분이었다. 딸의 짝꿍 남자아이의 엄마는 우리 딸을 예뻐해서 며느리 삼겠다고 내 장모님과 혼담(?)을 주고받곤 했다. 남자아이의 아빠는 수백억대 부자로 나이가 50대이며 엄마는 아직 20대였다. 남자는 조강지처가 있었지만 큰 부자로 성공한 후 늙은 부인과 자식을 버리고 싱싱한(?) 젊은 여자를 새 부인으로 맞았는데 이런 케이스(Case)는 너무도 흔하게 찾을 수 있다. 중국은 이미 남녀 성비가 무너져 있는 상태이고 그로 인해 결혼 적령기 여성의 경제적 눈이 높아져 짝을 찾지 못한 20~30대 젊은 남자들이 넘쳐나는데 그 한정된 여성의 일부를 이렇게 중년층의 남자까지 가세해서 숫자를 줄이는 것이다. 영웅호색이라고 하지만 사실 그들이 돈이 많은 것이 주된 이유이다.

나이 든 남자와 결혼한 중국 여자들을 살펴보면 성적인 매력은 넘치지만 학력 수준이 낮고 전문직 같은 스스로의 경제 능력을 가지지 못하는 경우가 많다. 즉, 경제적 능력 부족으로 자존감이 낮은 그들은 남자의 돈과 자신의 매력을 교환하는 거래를 하는 것이다. 그들은 그렇게 쉽게 얻은 부를 자신을 과시하는데 사용한다[지적인 대화를 몇 시간 동안 할 수준이 안 되니 대신 명품 가방을 자랑한다.].

위의 같은 결혼으로 남게 된 늙은 여자와 젊은 남자들은 사회에서 어떻게 될까? 50대의 본부인이 결혼하지 못한 20~30대 젊은 남자와 결혼해 사는 것은 현실적이지 않거니와 설사 같이 산다고 하더라도 나이 든 여자는 이미 생식(Reproducing) 능력을 상실했기에 정상적인 가정이 되지 못해서 결국 불균형은 개선되지 못한다.

여자는 왜 화장을 하는가?

1) 여자들이 화장을 하는 이유는 자신을 좀 더 매력적으로 보여 남자를 유혹하기 위해서이다. 그래서 결혼 적령기의 젊은 여성들은 이미 매력적인 자신을 더 돋보이게 하기 위해 그렇게 포장을 한다(같은 시간, 남자들은 열심히 '빠른 발'(자동차)의 광을 낸다.).

2) 자기만족을 위해서 화장을 하는 경우도 마찬가지다. 본능적으로 경쟁자(=다른 여자)들 사이에서 성적인 매력의 우위를 유지하기 위해서 여전히

화장을 한다. 재밌는 우스갯소리 하나. '여자가 주선한 미팅에는 미인이 나오지 않는다.'

3) 그렇다면 사회생활을 하지 않는 결혼한 여자들은 왜 여전히 화장을 하는 것일까? 성적인 매력이 떨어진 그들은 남편들이 사회생활 때문에 젊은 여성들에게 노출된 현실이 불안하기에 매력을 최대한으로 유지하기 위해 여전히 화장을 하게 되는 것이다.

여성의 시각에서 섹시한 남성이란 어떤 사람인가?

섹시(Sexy)란 것은 간단하게 성적으로 매력적인 것을 의미한다. 그런데 여기서의 매력이란 것을 잘 관찰하면 곧 남성의 생존능력과 일치하는 것을 알 수 있다. 예를 들어 탄탄한 근육질의 몸을 가진 남성은 섹시하다고 평가받는데 이는 튼튼한 몸을 가진 남성이 더 많은 사냥감을 획득하는 것을 보고 자란 수만 년 전 원시 여성의 시각과 다를 바가 없다. 그런데 과도하게 큰 근육을 가진 경우에는 오히려 매력이 반감하는데 그건 왜일까?

섹시가 생존능력이라면 현대에 와서 그것은 남성의 육체만 의미하는 것이 아닐 것이다. 여성의 시각에서 과도한 근육의 남성은 그의 모든 역량을 근육을 키우는 데만 사용했을 것이란 추측을 낳게 하여 두뇌를 활용한 경제능력을 의심하게 만들며 그래서 모델 같은 적당한 근육질의 남성이 더 섹시하다고 평가되는 것이다. 만약 큰 근육을 가진 남성이 높은 학력이나 학벌 또는 해박한 지식이나 특별한 능력이 있다면 아마도 여성들은 그를 다시 보게 될 것이다.

한 손으로 핸들을 돌리며 자동차를 후진하는 남성을 섹시하게 생각하는 여성이 많은 것도 같은 이유이다. 이미 흔한 기술이 되어 버렸지만 그것(=운전이라는 부차적 기술)조차도 익숙하지 않다면 그의 직업적인 능력(=본업)까지도 색안경을 끼고 볼지도 모를 일이다. 그래서 양복을 입고 출근하는 사무직(=이미 한 가지의 생존능력이 있는) 남자가 셔츠에 땀을 살짝 흘리며 고장 난 전기 제품 따위를 익숙하게 고쳐 낸다면(=다른 생존 능력이 있음을 증명한다면) 그것을 바라보는 여자들에게 안전감을 주게 되고 그를 섹시하다고 생각하게 되는 것이다. Sexy. 바로 고장 난 기계를 고친 뒤 호주머니에 드라이버를 꽂고 사무실로 돌아가는 그의 생존 능력 말이다.

결혼을 해야 하는가?(남자)

여성에 대해 경제적으로 우월적 지위를 누리던 남자들이 현대 사회에 와서 그 지위를 상실하게 되는 경우가 많게 되었다. 그 결과 주거비가 소득 능력을 초과하는 저소득 남자들의 경우 돈이 없어 결혼을 못 하고, 반대로 고소득 남자들은—어차피 남성의 생식 능력은 시간적 여유가 있으니—즐기기 위해 결혼을 안 하는 경향이 생기게 되었다. 이처럼 경제적 여유가 있음에도 독신 또는 비혼주의자가 된 남자들도 나이 40이 다가오면 공허함이 느끼고 조급해진다. 미혼인 친구들이 하나씩 결혼해서 가정을 이룬 이후로는 자주 만나기 어려워지고, 같이 놀던 여자들도 이 남자가 자신과 결혼하지 않을 것이라는 것을 알고 나면 하나둘 떠나게 되고 어느 날 남자는 혼자 덩그러니 버려진 사실을 깨닫게 된다. 그리고 문득 가정을 꾸리고 싶다는 생각이 간절하게 나기 시작한다. 남은 인생을 후손도 남기지 못하고 혼자 외롭게 늙어 가는 것이 두렵게 되고 그래서 그즈음에 많은 수의 고소득 남자들이 결혼을 하게 된다. 본능이다.

남자들은 본능적으로 예쁜(=성적으로 매력 있는) 여자들에게 사랑의 감정을 느끼게 되고 그것 때문에 많은 것을 포기하기도 한다. 그러나 자신이 사랑하는 사람과 사는 것보다 자신을 사랑하는 사람과 사는 것이 행복할 확률이 더 높다는 사실도 알아야 한다. 남자가 외로울 때(=성욕을 해소하지 못할 때) 그는 경솔한 선택을 할 가능성이 크고 대개 그것은 인생의 짐으로 남게 된다.

그런데 남자는 왜 여자를 성적으로 만족시키려 무던히 애쓰는 것일까? 이미 결혼해서 자신의 부인이 된 여자의(때론 다른 애인의) 성적 만족을 위해서 각종 정력제 따위를 찾는 이유는 무엇일까? 그것은 아마도 경쟁자로부터 비교우위를 유지해 자신의 여자를 지키기 위한 본능 때문 아닐까? 수만 년 전 반려자라는 개념이 정착되지 않은 어떤 부족이 있었다고 가정하자. 그 부족의 여자들은 남자들이 마음에 들지 않을 경우 쉽게 바꿀 수가 있었다. 여러 남자를 경험해 본 여자들은 성적인 능력이 부족한 남자를 잠자리에서 들이려 하지 않았을 것이다. 때문에 남자들은 여자들에게 선택받기 위해 여러 가지 기술들을(?) 갈고 닦았을 것이고 그런 남자들의 유전자를 이어받은 현생 인류도 역시 그런 경향을 보이게 되었을 것이다. 실제로 모계사회를 이루고 있는 중국의 모수오족 등 일부 부족의 경우 여성들이 경제활동을 하며 남성을 선택하고 마음대로 바꿀 수 있는 전통을 유지하고 있기 때문에 남성들의 성적인 능력은 경제적 능력보다 더 중요하다고 할 것이다.

인간이 다른 고등 동물들과 다르게 매일 섹스(SEX)를 할 수 있는 이유는 음식 저장 기술 덕분일 것이다. 대개의 동물, 특히 초식동물들은 풀이 자라 올라오기 시작할 무렵 새끼를 낳는다. 새로 태어난 새끼에게 먹일 젖을 얻기 위해서는 어미가 잘 먹어야 하고 그렇기 위해서는 사계절이 뚜렷한 지역의 경우 봄이 시작될

무렵 출산을 하는 경향이 많다. 사계절이 없는 시간이 수천 년 이상 계속된다면 초식 동물들 중에서 아무 시간이나 교미를 하는 종 또한 살아가는 것에 무리가 없으므로—그런 성질을 가진—그들의 자손이 대를 이음으로써 종의 계량이 이루어지게 될 것이다. 진화는 당시 환경에 우성형질을 가진 생물의 적자생존 결과이다.

대부분의 동물이 100년도 못 살고 죽는 이유는 몸의 주인이 우리가 아니라 유전자이기 때문이라고 한다. 즉 우리는 유전자를 번식하기 위한 하나의 껍데기에 불과하다는 것이다. 만약 유전자와 세포들이 번식을 포기하고 자가 치유에만 전념하면 이론적으로 영생도 가능할 테지만—그러나 사고로 다리를 잃은 동물이 그 상태로 영생하는 것보다는—모든 것이 멀쩡한 새로운 자손을 퍼뜨리는 것이 더 유리하기 때문에 우리 몸은 자가 치유보다 번식에 더 많은 에너지를 사용하게 되는 것이다. 임신과 육아를 해야 하기 때문에 폐경기가 있고 그만큼 생식에 에너지를 덜 쓰는 여성은 폐경이 지나면 에너지의 대부분을 자기 치유에 사용하는 반면 남자는 평생 동안 무제한적으로 정자를 생산할 수 있기에 남성의 유전자는 번식에 에너지를 더 많이 쓰고 여성에 비해서 수명이 짧다고 한다.

자녀를 가져야 하는가?

30살 전후에 아이를 낳는 것이 평균이라면 40살 전후에 낳은 아이와 함께할 수 있는 시간은 확률적으로 10년이 짧을 것이다. 인간은(아니 모든 생물은) 자신의 죽음을 자각하기 시작하는 나이(인간이라면 아마 40살 정도?)가 되면 계산을 해 보게 된다. '내가 아이를 낳고 아이가 다시 아이를 낳아 내가 세상을 떠나야 할 시간이 되었을 때 내 DNA는 과연 잘 뿌리 내리고 있을까?' 이건 수만 년을 이어 온 본능이기에(그렇지 않았다면 멸종되었을 테니) 독신주의자이거나 딩크족(Double Income No Kids)도 나중에 대부분 자녀를 가지게 되는 것이다. 그렇게 인류는 생존해 왔으며 당분간 또 그렇게 생존해 나갈 것이다. 우린 그것을 삶이라는 짧은 단어로 부르지만 그 속엔 영겁의 세월을 버텨 낸 그런 DNA가 있었던 것이다.

현재 시점에서 한국인의 기대수명은 남자 85살, 여자 90살쯤 될 것이다. 40에 결혼한 남자라면 60살 때 자녀는 20살, 70살에 30살이 되어 늦게 결혼할수록 손자를 보고 죽을 확률이 점차 낮아진다. 인간은 자신의 DNA가 손자 대까지 전달되는 것을 확인하고 싶은 강한 본능을 가지고 있다. 죽기 전 자신의 후손이 아들 대까지만 있고 그 아들이 아직 어리다면 생존을 보장할 수 없지만 그 아들이 성장해서 손자까지 생산하게 된다면 자신의 DNA가 안전하게 유전되는 것을 확인한 이후이기 때문에 생명에 대한 의무를 다했다고 생각하고 편히 눈을 감을 수 있게 된다.

자유로운 삶을 살고자 했던 과거의 나는 딩크족이었다. 그리고 아내의 직장에도 딩크족 부부가 있었다. 수년간 여행으로 시간을 보내며 딩크족의 장점을 역설하던 그들 역시 실컷 여행하고 나서 차가운 집에 돌아왔을 때 느끼는 공허함을 견디지 못하고 결국 자녀를 낳았다. 결국 대부분은 본능을 따라가게 되는 것이다.

우리가 자손을 남기는 이유는 영생하지 못하기 때문이다. 역으로 말해 영생을 하는 존재는 생식능력을 가질 수 없다(죽지 않는 사람이 자녀를 낳고 그들도 죽지 않는다면 지구의 인구는 통제 불가한 상태가 되어 자원 부족으로 자멸할 테니). 따라서 우리가 가진 2개의 선택지는

1) 자녀를 남기고 죽든가
2) 영생하는 대신 자손을 남기지 않든가

이고, 인류가 생겨난 이래 대부분의 사람들이 1)번을 선택해왔기에 내 글을 읽고 있는 현재의 당신으로 살고 있는 것이다. 따라서 영생하지 못함에도 불구하고 출산을 하지 않겠다는 어떤 이의 선택은 생명의 목적에 반하는 불완전한 것일 수밖에 없는 것이다. 모든 생명의 목적은 후대에 흔적을 남기기 위한 것이기에. DNA, 지식, 지혜, 돈 등으로.

"

64

매너 있는 남자를 사귀어라.

내가 네 엄마에게 하듯이 차 탈 때 차 문을 열어 주는 남자
를 만나거라.

"

내가 네 엄마를 위해 차 문을 열어 주는 것을 보았을 거야. 나
의 작은 배려로 엄마의 얼굴에 미소가 퍼지는 것을 보면 그때마
다 나는 그 배려 몇 배의 행복감을 돌려받게 된단다. 네 엄마를 사
랑하는 마음에 나는 내가 쉽게 해 줄 만한 것을 찾았는데 그것이
바로 차 문을 열어 주는 것이었단다. 그리고 내가 그녀를 그렇게
대하듯 네 엄마도 언제나 수많은 작은 배려로 나를 행복하게 해
주곤 하지.

사랑하는 사람을 대하는 마음가짐은 1m짜리 젓가락으로 식사

를 하는 것과 같단다. 젓가락이 너무 길어서 스스로는 반찬을 집어 먹을 수 없지만 그걸로 사랑하는 사람을 먹여 줄 수 있다면 젓가락의 길이는 더 이상 문제가 되지 않는 거지.

차 문을 열어 주는 남자를 만나라고 해서 네 남자에게 그것을 강요하라는 말하는 것이 아니란다. 네 엄마로부터 받은 진실된 사랑에 보답하고자 내 마음속에서 우러나와 그렇게 하듯 네 남자가 그렇게 할 수 있도록 네가 먼저 그를 공경하도록 하렴. 네가 그럴 만한 가치가 있다면 그도 기꺼이 그렇게 할 테니까 말이다.

65

남을 배려할 줄 아는 남자를 만나거라.

건물에 들어설 때 뒷사람이 있나 돌아보고 문을 붙들고 기다릴 수 있는 남자가 좋은 남자란다.

선진 외국을 다녀보면 건물을 들어설 때 앞선 사람이 자기 뒤에 사람이 있는지를 확인하고 문을 살짝 잡아 주곤 한단다. 만약 뒷사람이 무거운 물건이라도 들었다면 그는 앞사람의 배려로 수고를 덜게 되지. 앞선 사람의 작은 배려로 뒷사람이 조금 더 큰 혜택을 보며 모두가 그렇게 한다면 사회 전체가 좀 더 살기 좋은 환경으로 바뀌게 되겠지.

한국의 경우 한국전쟁 이후 개발 과정에서 먹고사니즘만 중요시하고, 자녀 교육 역시 입시에 집중하느라 타인에 대한 배려는 고려 대상이 아니었단다. 하지만 한국도 국민소득이 올라가고 해외 경험자가 많아짐에 따라 뒷사람을 위해 문을 잡아 주는 등의 이타적인 사람들이 늘어나고 있어서 다행이야. 배려하는 습관이 몸에 배인 그들은 대개 본성이 착하거나 집안 교육이 제대로 된 사람들이라는 공통점이 있지.

만약 네 남자가 그런 배려가 보이지 않는 사람이라면 좋은 사람일 가능성이 아주 낮다는 것을 알아라. 혹 인성이 좋지 않은 남자가 너를 유혹하기 위해 잠시 본성을 숨기고 너만을 극진히 대하더라도 속지 마라. 그가 너 아닌 사람들에게 불친절하게 대한다면 너도 나중에 그런 대우를 받을 가능성이 크단다. 천성은 바뀌지 않으니까.

"
인내심이 없는 남자는 만나지 말거라.

부장한테 욕먹었다고 대책 없이 회사 때려치우는 남편이
될 수 있으니.

"

2013년 8월 중부고속도로에서 승용차 운전자 두 명이 시비가 붙
었고 분이 안 풀린 운전자 한 명이 1차선에서 갑자기 차를 세웠단
다. 고속으로 달리던 앞 차량이 멈춰 서자 뒤를 따르던 3대는 가
까스로 멈췄지만 4번째 차량인 5톤 트럭은 미처 멈추지 못하면서
5대가 잇따라 부딪혔지. 이 사고로 트럭 운전사가 숨졌고 보복운
전을 한 운전자는 징역 3년 6개월을 선고받았으며, 민사 재판에
서도 패소하여 1억 원이 넘는 손해배상금을 물어 주게 되었단다.

다혈질인 사람들을 살펴보면 대개 분노 조절 장애를 가지고 있

지. 그들은 자신의 잘못으로(누구의 잘못인지는 중요치 않다.) 발생한 문제에 대해 상대가 하는 질책을 받아들이지 못하고 더 큰 분노로 보복을 하곤 해.

　운전을 하다가 다른 차량의 잘못으로 시비가 붙었을 때 상대가 인내심과 도리를 아는 사람이라면 먼저 미안하다는 표시를 하거나, 혹 인지하지 못했더라도 이쪽에서 항의를 하면 쉽게 인정을 하여 더 이상의 확산을 방지하려고 노력한단다. 설사 이쪽에서 하는 항의가 조금 과하더라도 쿨하게 미안하다고 하는 것이 그에게 유리하기 때문이다. 현명한 사람은 허세를 부려 싸움에서 이긴다고 해서 얻게 되는 것이 아무것도 없다는 것을 잘 아니까.

　그러나 인내심이 부족한 사람들은 운전에서 다혈질을 보이는 것은 물론이고 직장에서도 상관의 질책에 쉽게 사직을 하는 등의 오판을 하곤 하는데, 화가 난 그 순간에는 사직으로 인한 소득의 단절이 가져다줄 나비 효과 따위는 안중에 없기 때문이야. 다음 직장에서 또 그렇게 뛰쳐나오는 메뚜기 짓을 계속하다 보면 몇 년 동안 수십 개의 회사를 전전하게 되어 제대로 할 줄 아는 것이 하나도 없이 나이를 먹어 가게 되지.

　직장인들 대부분은 상관의 부당한 지시나 기분 나쁜 질책을 수 없이 받게 되지만 그 순간을 꾹 참으면 가정 경제의 안정을 유지할 수 있기에 모두 그렇게 참는 거란다. 보다 나은 미래를 위해서 잠시의 고비를 넘기지 못하고 사소한 불만을 크게 표출하는 사람은 상황이 바뀐다고 달라지지 않더구나. 그의 인내심을 잘 살펴보아라.

67

" 말할 때 욕이 입에 달린 사람은 피해라.

너도 같은 수준으로 평가받게 될 테니.

"

나는 어떤 이가 평소에 하는 말이 곧 그가 살아온 인생이며 앞으로 살아갈 인생이라고 생각한단다. 예컨대 자동차를 좋아하거나 그와 관련된 일을 하는 사람은 자동차가 대화의 주제일 경우 더 많은 흥미를 느낄 것이고, 평소 그의 말 속에도 자동차와 연관된 단어가 많이 들어갈 것이며, 결과적으로 그는 보통의 사람들보다 자동차에 대해 더 많이 알게 되겠지. 같은 논리로 실전적인 경제 지식에 흥미를 갖는 사람이라면 확률적으로 더 많은 부를 축적하게 될 것이 자명하지 않겠니. 그런 만큼 어떤 사람이 평소에 말을 할 때마다 욕이 들어간다면 그것이 그가 살아온 인생이며 앞으로 살아갈 인생이 될 테고.

싸움을 하는 경우처럼 자신이 화가 나 있음을 어필할 상황이 아 님에도 불구하고 어떤 이의 말에 많은 욕이 들어간다면 그는 그런 환경에 노출되어 있거나 스스로가 그런 환경을 만드는 자일 가 능성이 크겠지. 그의 주위에는 선량한 사람들보다 거친 사람들이 모여 있을 가능성이 크고 그 집단의 미래가 평화롭지 않을 것 또 한 쉽게 예견할 수 있을 거야.

오래전 한 지인은 문장 한 개를 말할 때마다 극도로 상스러운 욕이 1~2개씩 들어가 있었다. 별다른 기술 없이 단순한 일을 업 으로 삼았던 그는 허세를 부리는 것으로 그의 자격지심을 커버하 려 했던 것 같아. 그러나 그런 행동은 다른 사람들로 하여금 그의 부족한 능력은 물론 인성 또한 개차반이라는 것을 각인시킬 뿐이 었지. 또한 그의 욕설에 노출된 자녀들 역시 그가 사용하는 단어 들을 사용할 것이니 그 또한 대물림될 것이고.

네가 내뱉는 단어가 더러운 것이라면 네 입 또한 더러워질 것이 며, 너를 만나는 사람들은 네 외모와 상관없이 너를 더럽게 평 가할 것이고 네 가족들도 너와 같이 물들게 될 것이다. 아름다운 입술은 아름다운 말이 나올 때 비로소 완벽해지는 것이란다. 아!

나쁜 놈들과 싸울 때는 물론 예외고.

"

68

마마보이는 피하거라.

삶이 피곤해질 것이다.

"

내가 어렸을 때, 내 눈에 보이는 20대들은 30, 40대의 어른들과 차이가 없었어. 그들은 똑같이 주민등록증이라는 어른 신분증을 가졌고, 똑같이 술을 마실 수 있었고, 똑같이 담배를 피울 수 있었으며, 유흥업소에 갈 수 있는 것도 똑같았으니까. 그러나 20대는 신체적으로는 30, 40대와 별 차이가 없더라도 정신적인 성숙도는 10대의 그것에 가깝다고 할까? 여전히 자신의 앞가림을 하지 못하는 애어른들이 너무 많더구나. 이는 어쩌면 학창 시절 대학 입시에 모든 에너지를 몰빵하는 사회 분위기가 원인일지도 모르겠구나. 공부에만 몰입한 나머지 세상의 실전 지식에는 어린

애와 다를 바 없어—사소한 것까지 부모가 케어해 주다 보니—20대 후반이 되어서까지 여전히 엄마만 찾는 사람이 되어버리는 거지.

일부러 실패를 할 필요는 없고 중대한 결정에는 경험 많은 사람들의 조언을 받아들이는 것이 현명하지만 법적 성인이 되어서도 사소한 문제조차 엄마를 찾는 남자라면 네 인생을 의탁하기에는 불안하기 짝이 없다. 마마보이는 피해라. 동시에 네 자신도 마마걸이 되지 않도록 스스로 세상을 이해하기 위해 노력해라.

69

> ## 형광등을 못 가는 남자는 사귀지 말거라.
>
> **밤에 네가 직접 등을 갈고 싶지 않다면 말이다.**

예전에 우리가 살던 중국 아파트 앞을 아빠와 엄마가 지나가는 데 승용차 한 대가 펑크 난 채로 있더구나. 차주인 여자 2명과 도 와주려는 남자 4명 정도가 있었는데 아무도 타이어를 교체하지 못하여 발을 동동 구르고 있었어. 잠시 지켜보던 내가 네 엄마한 테 양해를 구한 후 차주에게 도와줘도 되는지 물었을 때 그들은 반신반의하면서 허락을 하더구나. 군대에서 버스를 포함해서 각 종 차량을 운전하고 웬만한 정비를 직접 했으며 제대 후에 정비 업소에 일을 하고 대학에서 자동차를 전공한 내게 타이어 교체를 하는 것은 정말 식은 죽 먹기였지. 타이어를 교체하는 내 행동은 당연히 프로의 그것과 같았고 채 5분도 걸리지 않았단다. 교체를 끝냈을 때 내 뒤에는 고마워하는 그들과 자랑스럽게 아빠를 바라보는 네 엄마가 있더구나.

아빠의 경우 직업적으로 자동차 정비를 배워서 할 수 있기는 했지만 남자뿐만 아니라 여자들도 현대를 살아가는 사람들이라면 당연히 배워야 하는 생존 기술들이 있고 타이어를 교체하는 따위의 일이 그에 해당한다고 생각한단다. 핸드폰 신호가 잡히지 않는 외딴곳에서 펑크 난 타이어를 교체할 줄 모른다면 그것은 네가 아주 난처한 상황에 처했음을 의미하며 만약 그곳이 외국의 사막 한가운데라면 죽음과 직결되겠지. 타이어 교체, 엔진오일이나 냉각수의 보충 등 기초적인 자동차 관리, 또는 집 안의 형광등(요즘은 LED가 대세이니까 상황이 바뀌기는 했다.)을 바꾸거나 배전반의 퓨즈 정도는 교체할 줄 알아야 하지 않을까? 기타 여러 가지 기초적인 생존 지식들을 배우지 않았거나 배울 생각이 전혀 없다면 언젠가 큰 위험이 닥쳤을 때 너의 생존을 보장할 수 없게 될 거야.

생존의 지식에 남녀를 구분할 필요는 없으며 위에 언급한 정도는 너도 할 줄 알아야 하지만 가족의 생존에 전혀 관심이 없는 남자는 결혼 상대로 적당하지 않음이 분명해.

내 건물의 세입자들에게서 무언가를 고쳐 달라는 요청을 받고 가보면 정말 아무것도 아닌 경우가 많아. 변기가 막혔다 해서 가보니 커다란 생선 두 토막과 플라스틱 화장품 병이 변기 속에서 나왔고, 신발장 앞 센서 등이 들어오지 않게 해 달라는 요구에 나는 백열등을 살짝 풀어서 작동하지 않게 만들었는데 정말이지 이 정도의 일은 누구나 알 수 있는 상식이지 않느냐 말이다.

줄자로 문틀의 높이를 재라고 하니 줄자를 들고 어쩔 줄 모르는—자칭 생산관리 출신이라는—40살짜리 내 부하 직원은 지게차 운전을 할 줄 모르는 것은 물론이고, 승용차 운전도 초보이며, 생산계획은 짜 본 적도 없고, 제품 출고를 위한 트럭배차 경험도 없으며, 바닥에 먹줄을 그리고 황선을 긋는 라인작업도 해본 적이 없었단다. 업종에 따라 한두 개의 경험이 없을 수는 있겠지만 할 줄 아는 것이 하나도 없다는 것은 그가 거짓 이력서를 제출했다는 것 말고는 설명할 수 없었지. 이력서는 차지하더라도 업종과 상관없이 40살짜리 남자가 줄자로 길이 측정도 할 줄 모른다는 것은 그가 세상의 기초적인 지식에 대해 아무런 관심이 없었다는 뜻이겠지. 전 직장에서 그는 무엇을 했을까? 직장에서 아무것도 배우지 못했다고 하더라도 퇴근 후 집에서는 무엇을 하는 것일까? 아마도 게임을 하거나 TV를 보는 등 소비적인 활동만 했을 뿐 부서진 가구의 길이를 재어 자재를 주문해 직접 수리하는 등의 활동은 하지 않았을 것이 분명하겠지. 그가 형광등조차 갈 줄 모른다 해도 나는 놀라지 않을 거고. 그는 결국 얼마 안 가서 회사를 그만두어야 했는데 그런 그를 남편으로 둔 그의 아내는 얼마나 미래가 불안할까?

　내가 깨달은 것은, 세상에는 나이가 들어감에 따라 그 나이쯤이라면 응당 할 줄 알아야 하는 사소한 것들조차 할 줄 모르는 게으름뱅이들이 정말 많고 그런 그들은 험한 세상의 생존경쟁에서 도태할 가능성이 크다는 것이다. 네 남자 친구가 아직 형광등을 갈 줄 모르거나 전기기사를 불러 갈게 해 놓고 자신은 게임이나 하고 있다면 그와의 교제는 진도를 멈추는 것이 좋을 것 같구나. 게임에 열중한 그를 뒤로하고 네가 형광등을 갈고 싶지 않다면 말이다.

　형광등을 교체하는 따위의 사소한 일은 여자도 충분히 할 수 있는 일이고 여자가 남자들보다 부족한 것은 근력뿐이다. 배워 두어라. 출장 간 남편을 대신해 네 아이들 방을 환하게 유지할 수 있을 테니 말이다.

남자 친구와 데이트 할 땐 세 번 중에
한 번은 네가 돈을 내거라.

그래야 네 값어치가 올라가는 거란다.

99

근래 한국의 남녀 성대결 문제를 살펴보면 여성계에서 무리한
요구를 하는 것을 많이 볼 수 있다. 몇 가지 살펴보자.

1) 결혼 시 주택은 남자가 마련해야 하지만 이혼 시에는 반씩 나눠야 한다.

2) 군가산점에 반대한다. 남자가 군대를 가는 대신 여자는 아이를 낳으므로
간 것과 진배없다.

3) 여자가 화장을 하므로 데이트 비용은 남자가 내야 한다.

1)번 항목에서 남자가 집을 준비해 와야 한다는 생각 자체가 잘
못된 것이다. 왜 남자만 준비해야 하지? 딸을 가진 입장에서 나

는 무조건 남자가 신혼집을 준비해야 한다고 생각하지 않는다. 여자 쪽이 형편이 낫다면 더 많이 부담할 수도 있는 것이며 만약 이혼을 하는 경우가 생긴다면 그 기여도에 맞게 공정하게 나눠 가지면 될 뿐이다. 즉, 주택을 누가 해 오든 간에 쌍방이 마련한 결혼 자금 총액에서 먼저 각자가 출자한 금액만큼 정액으로 나누고 결혼 후에 증가한 부분은 절반씩 나눠 가지는 것이 합리적이라고 할 수 있을 것이다. 예를 들어 혼수까지 포함해서 신혼집에 3억이 들었는데 남자가 2억, 여자가 1억을 지출했다. 그들이 이혼할 때 신혼집이 6억으로 올랐다면 헤어질 때 각각 남자 2억, 여자 1억씩 원래 금액을 가져가고 결혼 후 증가분인 3억에 대해서는 각각 1.5억씩 나눠 가지는 것이다. 즉, 남자는 2억+1.5억, 여자는 1억 + 1.5억.

보통의 가정 경제는 남편의 공격(남들과의 경쟁에서 승리하여 그들로부터 돈을 벌어오는 것)과 아내의 방어(구매욕을 자극하는 광고라는 무기로 가정의 돈을 빼앗으려는 외부 유혹을 이겨 내는 것)가 잘 결합되어야 발전하게 되는 거란다. 둘의 조화가 건실하다면 갈등 없이 발전하여 부유하게 살게 되지만, 둘 중 하나 또는 둘 다 문제가 있다면 가정 경제는 퇴보하고 급기야 혼인 관계가 파탄 나기도 한단다. 예를 들어 남편을 출근 보내고 카페에서 브런치를 즐기면서 남편의 소득이 적다고 흉을 보는 여자라면 공격력이 부족한 남편을 욕할 것이 아니라 방어력이 부족한 자신부터 탓하는 게 맞겠지. 또한 애초에 1)번과 같이 주장하는 사람이라면 조화로운 결혼에 관심 없고 기여도를 넘어서는 과도한 대가를 요구하는 도둑심보를 가진 것이므로 결혼을 하지 않는 것이 옳을 테고.

2)번의 주장이 합리적이려면 결혼하지 않거나 출산하지 않는 여자들은 모두 군대에 가야 하는 모순이 발생하잖니. 그리고 2년간 이동의 자유가 제한되는 등 개인을 희생해 나라를 지키는 것과 스스로의 필요에 의해서 출산을 하는 것을 동일하다고 할 수도 없는 일이야. 그리고 군가산점을 받는 보통의 남자들이 결국 자신들의 남편이 될 사람들이므로 넓게 보면 이는 딱히 여성의 손실이라고 할 수도 없겠지. 결혼 후 전업주부가 될 여자의 입장에선 가정 경제에 더 유리한 제도라고 할 수도 있어. 오히려 한국군에서 2년간 봉사하지도 않고 예비군을 나가지도 않는 외국인 노동자들에 대비해서 자국 남자들에 대한 역차별이라고 할 수 있을 테고.

3) 여자가 화장을 하는 것은—거래의 대상이 아니라—사랑하는 남자 친구에게 더 예쁘게 보이기 위함이겠지. 같은 이유로 남자도—여자만큼은 아니지만—이발도 하고 면도도 하며 옷도 골라서 입는 걸 테고. 거기다 대부분의 경우 이동 수단도 남자의 몫

이지. 주택을 제외하고 현대 사회에서 가장 큰 비용을 필요로 하는 소비재가 자가용이므로 여성의 화장품과 비교할 수 없을 만큼 큰 금액을 지불하고 있는 셈이란다. 그럼에도 여자라고 얻어먹기만 해야 한다 생각하면 그것은 거지 근성과 다를 바 없는 것 아니겠니.

물론 대부분의 연애가 남자의 요구로 시작되므로 처음 1~2번 먼저 부담을 하는 것은 자연스러운 것이지만 나중에라도 여자가 전혀 부담하려 하지 않는다면 그 여자는 남자를 갈취의 대상으로만 보기 때문 아닐까. 여자가 한 남자에 대한 애정이 생기게 되면 결혼할지도 모르는 그의 돈을 낭비하고 싶지 않게 되므로 비싼 곳보다 저렴한 곳을 찾게 되고 비용의 일부분은 자신이 지불하여 남자의 부담을 줄이려는 성의를 보이기 마련이란다.

또 남자들은 자신이 일방적인 비용 부담을 하게 된다면 섹스 같은 것으로 보상받으려는 심리를 가지게 되므로 여자들의 발언권이 약해지는 상황이 생길 수도 있어. 그러므로 비교적 동등한 상태에서 관계를 발전시키고자 한다면 여자도 데이트 비용의 일부분을 부담하는 것이 옳다고 생각한단다. 개인적으로 생각하는 비율은 3번 중에서 남자가 2번을 냈다면 여자도 1번은 내야 하지 않을까 싶어.

같이 사회생활을 하고 있고 소득을 벌고 있다면 네가 그에게 일방적으로 얻어먹어야 할 하등의 이유는 없지 않겠니. 얻어먹기만 하지 말고 너도 당당하게 돈을 내도록 해라. 그것이 네가 싸구려로 과소평가 받는 것을 막는 길이다.

"
데이트할 때 재밌게 해 주지 못하는 남자라고
바로 차지는 마려무나.

네가 무슨 용한 점쟁이라고 한 번 보고 그를 평가할 수 있
단 말이냐?

"

아빠가 젊었을 때, 여자를 만날 때를 대비해서 마술 따위를 연
습하기도 했단다. 여자에 대한 자신감이 없었을 때였고 음치, 몸
치인 내가 그나마 할 만한 것이 간단한 마술이었던 거야. 그런 잡
기들이 여자들과의 초기 관계를 부드럽게 해 주는 데 다소 도움
이 되었던 것은 사실이었지만 내가 마술을 할 줄 아는 것과 나라
는 인간과는 정말이지 아무런 관련이 없잖니. 즉, 마술을 할
줄 알면 어떤 인연이 맺어지고, 할 줄 몰랐기 때문에 기회조차 없
다면 너무도 슬픈 일이지 않을까?

정말 좋은 남자라 할지라도 음치에 몸치에 마술도 할 줄 모른 다면, 그는 노래와 춤에 능하고 뛰어난 말발을 가진 바람둥이가 독식하는 이성 교제 시장에서 기회를 잃을 수밖에 없게 되지. 이는 여자의 시각에서 잠깐의 즐거움 때문에 긴 인생을 함께할 인연을 놓치게 되는 셈이므로 큰 손실이라고 할 수도 있는 것이다.

대개의 여자들은 나쁜 남자에 호감을 가지는 경향이 있어. 나쁜 남자들은 자신들의 에너지를 직업에 투입하는 것이 아니라 여자들을 유혹하는 데 투입하기에 여자 심리를 간파하는 능력이 탁월한 대신 불투명한 미래를 가지게 되곤 한단다. 물론 여자들은 헤어지고 나서야 그들이 나쁜 남자라는 것을 깨닫곤 하는데 그런 상황은 무한 반복되지. 잘 생각해 보렴. 첫 데이트부터 너를 기쁘게 해 주는 그의 재밌는 말들이 사실은 수많은 여자들과의 축적된 경험의 결과물일 수도 있지 않니? 하지만 그런 남자들과 함께한 여자들은 짧은 시간 동안 행복하겠지만 그런 경우 대부분 오래가지 못한단다.

말주변 없는 남자들의 경우, 여자들과의 경험 부족이 그의 생존 능력 결여나 너와의 결혼 생활시 하자를 의미하는 것이 아니야. 당장의 재미있는 말주변보다 그의 사람됨을 잘 살펴보아라. 그러기 위해서는 단 한 번의 평가로 그를 재단하는 실수를 하지 말아야 한다. 좋은 사람이지만 여자들에 익숙하지 않은 남자들은 여자들에 익숙해지는 시간이 지나고 나야 진면목을 드러내게 되니까. 그때까지 거리를 유지하며 잘 살펴보아라.

72

> 남자 친구가 너와 친구와의 약속이 동시에
> 있을 때 친구를 택한다면 헤어지거라.
>
> 언제나 가족이 친구보다 우선이란다.

남자 친구를 사귀는 초기의 단계에는 서로의 관계가 얼마나 지속될지 아무런 확신도 할 수 없단다. 아직 서로의 삶에서 차지하는 비중이 크지 않으므로 그가 20년 된 친구와 3개월 된 너 중에서 친구를 더 중시한다고 해서 문제가 되는 것은 아니야. 얼마나 진행될지 모르는 불확실한 너와의 관계 때문에 20년 우정을 버리기엔 그의 손실이 너무나 크겠지. 하지만 아주 높은 확률로 미래를 함께할 것이라 예상될 만큼 너희들의 관계가 확실해졌다면 두 사람은 친구들이 아니라 서로를 선택해야 맞는 거란다. 언제나 가족이 그 무엇보다 앞서야 하니까. 선배, 후배, 친구, 친척, 직장보다도.

우리는 많은 종류의 친구들을 가지고 있지. 소꿉친구, 학교 친구, 동호회 친구, 직장 친구⋯⋯. 그리고 친구들은 직장 생활 등 지리적으로 멀어져 자주 만나지 못하는 경우가 많고, 만나더라도 그 시간의 합은 그리 대단하지 않지. 또한 친구들이 우리의 인생에 실질적인 도움이 되는 경우는 사실 얼마 안 된단다. 대개의 친구는 외로움을 잊게 해 주는 것이 가장 큰 효용이지만 우리의 성공적인 삶에 미치는 영향은 그리 대단하지 않아. 인생에서 친구는 생각보다 중요치 않단다(전혀 중요하지 않다는 말이 아니라 가족이나 멘토에 비해 긍정적인 영향이 적다는 말이다.).

사회생활 경력이 있는 사람들에게 자주 만나는 친구들 10명을 고르고 친구들과 그들의 자산을 비교하면 비슷하게 나올 가능성이 크단다. 그들이 지금의 자산을 유지하고 있는 이유는 바로 같은 레벨의 사람들을 만나고 있기 때문이야. 그들이 만나는 사람들의 95%쯤은 대개 비슷한 레벨의 사람들이기에 그 속에 있는 그들도 그 레벨을 유지하게 되며 나머지 5%쯤만이 그들에게 실질적인 도움이 되는 사람들인 것이지.

30살인 남자가 한 달에 한 번, 4시간씩, 80살까지 친구를 만난다면 그 시간의 합은 4시간 × 12개월 × 50년 = 2,400시간. 30살에 결혼한 그가 매일 10시간을 80살까지 아내와 함께한다면 그 시간의 합은 10시간 × 365일 × 50년 = 182,500시간. 그 남자는 무려 76배 많은 시간을 아내와 보내게 되는 셈이고 그것이 배우자가 친구들에 비해 인생에 미치는 영향이 클 수밖에 없는 이유라 할 수 있어. 사실 종족 번식이 아니라면 자녀보다 배우자에게 더 많은 애정을 쏟아야 하는 것이 현명한 선택일 수도 있지.

친구보다 가족을 중시하는 남자를 만나거라. 그리고 너 역시 그가 네 친구들보다 더 중요하다는 것을 알아라. 네 친구들 앞에서—76배나 더 많은 시간을 함께할—네 남편을 욕하지도 말고. 가족이 먼저란다.

73

여자가 많은 남자를 피하거라.

애 끓일 때가 많을 테니.

엄마의 먼 친척 중의 한 남자는 중견 그룹사를 일궈 낸 대단한 인물이란다. 돈을 위해서 거래처들과의 신의를 배신하는 것을 밥 먹듯 하였고, 그의 부도덕한 상거래 관행에 피해를 본 한 대기업의 실력 행사로 파산의 위기에 처하자 그 기업의 회장 앞에서 무릎을 꿇고 비는 것도 마다하지 않은 사람이었어. 그런 노력의 결과로 엄청난 부를 쥐게 된 그와 그의 가족은 사치스러운 삶을 살게 되었지만 그 사람 부인의 행복감이 높아진 것은 아니었단다. 돈이 많아지자 남자는 젊은 여자들을 찾아다녔고 그런 여성 편력으로 부인은 부유하지만 우울한 일상을 보내야 했지. 그리고 그가 만나던 젊은 여자들이 한두 명이 아니었던 것이 나중에 밝혀지게 되었단다. 어느 날 갑자기 그가 요절하게 되었는데 호텔에서 애인과 정사를 나누다가 복상사를 한 것이었어. 그의 장례가 치러지던 날 장례식장을 찾아온 애인들의 수는 19명에 달했는데 그들은 교제의 대가로 이미 각자 한 채씩의 집을 가지고 있었지만 더 얻어먹을 것이 있을까 싶어서 찾아온 것이었단다. 회사를 위해서 쓰여져야 했을 돈이 19명 애인의 주택 구입비와 생활비로 탕진되었으니 회사가 잘 돌아갈 리 만무했고 그의 사망 이후 회사도 곧 청산되어 버렸다. 부인은 젊은 여자들에게 남편도 잃고 자산도 날리게 된 것이란다.

단원의 서두에 말했듯이 승리의 요건을 갖춘(또는 그렇다고 착각하거나 그렇게 오해받는) 수컷들에게 암컷들이 독식당하는 경우가 많은데 그것은 대다수 종류의 동물들뿐만 아니라 중혼을 허락하는 인간 사회에서도 쉽게 발견된단다. 4명의 부인들을 합법적으로 가질 수 있는 국가에서 부와 권력을 가진 남자들은 그렇게 여자들을 독식하게 되지. 그들은 4명의 할당을 채운 후에 새로운 아내를 얻기 위해 늙은 부인과 이혼을 하기도 한단다. 여자가 성욕을 해소하기 위한 대상에 지나지 않는 사회인 셈이지.

대부분의 국가에서 법적으로 중혼이 허락되지 않음에도 불구하고, 여러 여자들과 복잡한 관계를 맺는 경우는 너무나 많고 그 끝은 절대 아름답지 않아. 대부분의 경우 배우자가 외도한다는 것을 주위 사람들이 다 알고 난 후에 깨닫게 되는데 그나마 초기에는 그것을 부정하게 된단다. 그러나 내 남편이, 내 아내에게 다른 사랑이 생겼다는 것을 실감하는 순간 세상을 잃은 것과 같은 엄청난 고통을 느끼기 마련이지.

본능적으로 양다리를 걸치는 그런 성향의 사람들은 그 기질을 쉽게 내려놓지도 못하더구나. 사람들의 성향이란 것은 쉽게 바뀌지 않는 것이며 젊은 여자들을 유혹할 돈이 부족해서 본성을 참는 남자들은 재력이 생기게 되는 순간 본성을 드러내게 된단다. 그가 바뀌기를 기대하지 마라. 혹 네 남자에게 그것이 보이거든 용서할 것이 아니라 즉시 헤어져야 해. 외도를 하지 않아야 하는 것은 물론 너에게도 해당되는 말이고.

74

술을 너무 자주 마시는 남자는 피하려무나.

그 때문에 문제가 생기는 때가 반드시 오는 법이다.

엄마와 가까운 친척 중에 시도 때도 없이 술을 마시는 사람이 있어. 어느 날 그가 술을 마시고 운전을 하다가 교차로에서 추돌 사고를 냈단다. 멈춰진 차량을 추돌하였는데 밀려 버린 그 차가 그 앞차까지 추돌하게 되었지만 사고가 경미했기에 한국 돈으로 현금 몇만 원 쥐여 주면 끝날 일이었다. 그런데 사고를 당한 운전 자들은 친척이 술을 마신 것을 알고 한국 돈으로 1인당 850만 원을 내놓지 않으면 신고를 하겠다고 협박을 했단다. 음주 운전에 대한 징벌이 강한 중국에서 음주 운전으로 사고를 내면 면허증도 취소되고 징역도 살아야 하기에 그는 울며 겨자 먹기로 돈을 줄 수밖에 없었지. 그리고 그 일은 술과 관련하여 그가 저질렀던 수많은 사건들 중의 하나일 뿐이었어.

적당한 음주는 상대에 대한 경계를 풀어 주어 사교 모임을 활기차게 해 주며 친구나 연인, 비즈니스 관계에서 많은 도움이 된단다. 하지만 술을 마시고 나면 평소에도 없던 객기가 생기는 사람들이 많은데 대개 술이 깨고 나면 크게 후회하기 마련이지.

술을 너무 자주 마시는 남자는 피해라. 그 때문에 문제가 생기는 때가 반드시 올 테니까. 혹, 술을 마시면 나쁘게 변하지만 평소에는 괜찮아서 그를 용서하고자 하는 마음이 생기거든 그것도 버려라. 술이 그를 그렇게 만든 것이 아니라 원래 나쁜 사람이 숨겨 왔던 본성이 술 때문에 드러난 것뿐이니까.

"
남자와 있을 때 술을 너무 많이 마시지 말거라.

모든 남자는 늑대이니라. 네 아빠가 늑대인지는 엄마한테 물어보고.

"

연애하는 남녀의 초기 심리를 살펴보면 남자는 단기간의 성적 관계에 집착하는 경향이 강하고, 여자는 이 남자의 사랑이나 경제력 등 장기적인 관계를 확신할 수 있을 때까지 경계심을 풀지 않는 경향이 강하다. 이런 여자들의 경향은 초기 연애에서 좀 더 이성적인 판단을 하게 만들어 주는데 그것을 무력화시키는 것이 바로 알코올이란다. 술은 상대의 경계를 약하게 해주고 호감을 상승시키는 역할을 하므로 미팅을 하는 비즈니스맨이나 데이트를 시작하는 연인들의 관계를 진전시키는 데 많은 도움이 되곤 하지. 그리고 네가 만나는 그 남자도 그것을 이용하게 될 것이고 그 또한 자연스러운 일이기도 해. 하지만 그에 대한 확신이 서기 전까지 그것을 경계하는 것이 좋다고 생각한단다.

만난 지 얼마 되지 않는 그가 너를 존중한다면 "술을 좀 더 마셔라.", "같이 자고 싶다." 같은 따위의 무리한 요구를 하지는 않겠지만 젊은 남자의 삶을 살아 본 내 경험을 빌어 말하자면 젊은 남자들의 성욕을 과소평가하면 안 된다는 것이다. 물론 그것이 비정상적이거나 반드시 나쁜 것은 아니지만, 그들의 주체 못 하는 성욕 때문에 술의 힘을 빌어 여자들이 현명하지 못한 판단을 하게 만들기도 하는 것이 문제란다. 술을 조심해라. 그리고 네 아빠가 늑대인지는 엄마한테 물어보아라. 일단 나는 늑대가 아니었던 것 같다. 어험~.

76

도박, 마약을 하는 남자는 절대 만나지 마라.

세상이 사회악이라고 인정한 것들에 묻혀 사는 사람은
반드시 가정을 파괴하게 되니까.

네 이모의 동창 중에 한 사람은 아주 똑똑하여 초등학교를 1년
먼저 들어간 상태에서 월반까지 하여 2살이나 많은 형, 누나들과
공부를 하였단다. 유명대학에서 법학을 전공한 후 대기업의 법무
팀에 취직하였을 때만 하더라도 사람들은 그의 미래가 아주 밝을
것이라고 생각하였지.

그러던 어느 날 그가 도박에 빠져 돈을 잃기 시작하였단다. 거
기서 멈춰야 했지만 그는 친척들, 이웃들의 돈을 빌려 도박을 했
고 그것마저 잃게 되자 고리대금업자에게서 돈을 빌려서 도박을

했지. 부인에게 이혼까지 당한 그는 고리대금업자가 보낸 조폭을 피해 집을 뛰쳐나갔고 결국 행방불명이 되었어.

도박을 하는 사람들은 근면하게 노력한 대가가 아닌 쉽게 돈을 벌고자 하는 공짜 심리가 있단다. 도박을 쉽게 끊기 어려운 이유는 초기에 따게 되면 자신의 운과 실력을 과신하기 마련이고 더 큰 베팅으로 결국 잃게 되는데, 그러면 본전 생각에 주변 돈까지 끌어들여 만회해 보려다 그것마저 잃게 되기 때문이란다. 어떤 남자가 도박을 하는 경우는 물론이고 도박을 하다가 그만둔 경우라도 다시 할 가능성이 많으니 아예 상대하지 않는 편이 좋단다. 도박 맛을 본 사람들은 그런 환경을 다시 접하면 또다시 시작하게 될 가능성이 무척 높으니까.

사실 이모의 동창이 그렇게 된 원인 중의 하나는 그의 부모들이 도박을 했기 때문이었단다. 가난하였기에 적은 액수기는 했지만(가난의 원인이 도박이기도 했겠지.) 그의 부모는 자주 도박을 하였고 때문에 자식의 밥을 챙겨 주는 것도 잊곤 하였다고 해. 그런 부모를 가진 그는 그것을 탈출하기 위해 열심히 노력했지만 여유가 생기자 그토록 증오하던 부모와 같은 모습이 되고 말았단다. 도박을 하는 남자를 만나지 마라. 물론 너도 해서는 안 되며, 자식들도 절대 못 하게 하여라.

마약도 마찬가지란다. 인간이 느끼는 쾌락 중 아주 높은 수준의 것 중 하나가 남녀의 성교라고 하는데, 마약의 쾌락은 그조차 넘어서며 인공적으로 아주 쉽게 도달하게 해 준다고 하더구나. 그런 만큼 투약하게 되면 정상적인 사고가 불가능해지고 신체 기능도 점차 훼손되며 중독성이 강해 결국 폐인으로 전락하고 만단다. 문제는 끊고자 노력하여도 금단증상으로 멈출 수 없으며 오히려 그 양이 점점 늘어나는 데 있어. 마약을 하는 남자를 만나지 말 것이며, 너도 해서는 안 되며, 자식들도 절대 못 하게 하여라.

"

미친놈이 너를 해치려 한다면 고추를 발로 힘껏 차거라.

네 안전이 위협받는 상황에 빠진다면 낭심을 힘껏 걷어차 버리고 즉시 현장을 도망쳐 나오도록 해라.

"

아빠는 범죄자를 단죄하는 법 집행에 대해 울분을 토할 때가 많단다. 음주 운전으로 사람을 죽인 사람이 풍비박산이 난 피해자 가족과 달리 생활을 그대로 영위해 나가거나, 음주 후 어린이를 강간한 경우에도 심신미약을 이유로 겨우 5년형을 선고받는다거나, 정신병을 가진 사람이 엄마가 보는 앞에서 아이를 베란다 밖으로 던져 살해하고도 정신병이 있다는 이유만으로 별다른 제재를 받지 않았을 때가 그럴 때이지.

도대체 법은 왜 가해자의 시각에서 해석되는지 아빠는 모르겠구나. 음주 운전 같은 경우는 불가항력적인 사고가 아니라 통제 가능한 실수로 그것이 치명적이라는 것은 누구라도 아는 사실이고 대리운전 같은 해결책 또한 있지 않니. 법을 만든 국회의원들이 음주 운전의 가해자가 될 가능성이 큰 것이 이유인가? 스스로 빠져나갈 구멍을 만들기 위해서?

음주자에게 강간을 당하면 피해자는 그 공포와 수치가 사라지기라도 한단 말인가? 또는 가해자가 미성년자나 노인이거나 정신병자라면 피해자의 고통이 반으로 줄어들기라도 한다는 말인가? 술을 마시면 심신미약으로 감형되는 판결이 계속된다면 범죄를 저지르고 나서 얼른 술 한 병 사서 마시는 사람들이 생겨나겠지.

피해자의 손실은 가해자가 술을 마셨는지 안 마셨는지와는 전혀 상관이 없는 것이다. 도대체 왜 가해자의 심신미약이나 나이가 판결에 영향을 미치는 걸까? 피해자의 고통이 죽음과 비견될 정도라면 가해자는 사형을 당해야 하는 것이 그나마 공평하지 않을까? 사형을 시킨다고 손실이 회복되는 것이 아니라는 인권주의자들의 눈에 피해자는 인권이 없는 사람이란 말인가?

세상에는 타인의 생명을 위협하는 미친놈들이 많고 여자인 네가 그들을 제압하는 것은 현실적으로 쉽지 않은 일이야. 최고의 선택은 애초에 그런 상황에 빠지지 않는 것이지만 이미 빠진 상태라면 유화적인 태도로 벗어나야 할 것이고, 그래도 안 된다면 역공을 가하여야 해. 하지만 남자의 체격이 더 크기도 하지만 같은 체중이라도 여자는 근육 성장에 큰 역할을 하는 테스토스테론 분비가 남성의 1/10밖에 되지 않아 물리적인 힘에서 엄청난 차이가 나지. 따라서 치한 등을 맞닥뜨린 여자가 힘으로 남자를 제압하기가 쉽지 않은 일이야.

실전에 활용하기 좋은 격투기로는 복싱, 무에타이, 검도, 주짓수, 유도 정도를 들 수 있겠지만 오랜 기간 수련해야 써먹을 만하며 상대의 체격이 자신보다 큰 경우라면 이 또한 쉽지 않은 일이란다. 인간의 3대 급소를 인중, 명치, 낭심이라고 하는데 몇몇 무술을 배워 보고 격투기 경기를 살펴본 결과 인중이나 명치를 일격에 타격하여 상대를 녹다운시키는 것은 쉽지 않은 일이란다. 오히려 턱, 옆구리, 허벅지가 취약한 부분이라고 할 수 있는데 허벅지는 수많은 로우킥 등으로 데미지를 누적시켜야 하므로 급박한 상황에서 사용할 만한 공격이 되지 못하지.

특히 인중이나 턱은 높은 곳에 위치해 있어 여자의 주먹으로 충분한 타격을 가하는 것이 쉽지 않고, 명치나 옆구리의 경우는 옷이라는 장애물이 있고 공격자가 정확한 자세를 잡기가 쉽지 않아 어지간한 타격에도 별 영향을 받지 못하는 곳이야. 그런 상황에서 공격하기 쉽고 상대에 일순간에 큰 데미지를 줄 수 있는 것이 바로 낭심 공격이란다.

남자로 살다 보면 무언가에 부딪치는 등 수없이 많은 타격을 낭심에 받게 되는데 그때마다 남자들은 바로 주저앉아 아무것도 할 수 없는 상태에 처하게 된단다. 간혹 아프리카 버팔로의 수컷이 암컷보다 하이에나에게 더 쉽게 사냥당하곤 하는데 이는 하이에나들이 뒤쪽에서 낭심을 물기 때문이야. 그 공격 한 번으로 1톤이 넘는 거대한 수컷 버팔로가 한 번에 무릎을 꿇는 것을 보면 낭심은 수컷들의 공통된 약점인 것 같구나.

낭심은 네가 발로 차기에 적당한 위치에 있고, 상대가 다리를 벌리고 있을 경우 상대의 다리가 가이드 역할을 해서 성공 확률도 높을뿐더러 너는 파괴력이 큰 발을 이용하지만 상대의 급소는 가장 취약한 부분이라 작은 충격에도 쉽게 전투 불능에 빠지게 된단다.

78

> **남자 친구가 시댁, 처가를 차별하는 사람이면 권위적일 가능성이 크니 멀리하거라.**
>
> 중요한 것은 가정의 행복이지 권위가 아니란다. 과도하게 권위적인 남자는 피하도록 하여라.

업무에 있어 보통의 경우 남자가 여자보다 더 많은 결과물을 내는 것은 사실이고 그에 따라 더 많은 보상을 받는 것 또한 자본주의적 시각에서 공평한 것이겠지. 그리고 그로 인해 굳어진—남성의 탁월한 생산성에 대한—고정관념의 산물이 한국의 부성주의(아빠의 성씨를 따르는 원칙)라고 할 수 있을 거야. 그리고 대부분의 국가에서 부성주의를 택하는 것을 보면 그것이 일반적인 현상이라고도 할 수 있을 거야.

하지만 나는 그것이 현대에 있어서 시댁과 처가를 차별하는 이유가 될 수는 없다고 생각한단다. 제사를 지내는 집안의 경우 시댁에 가서 일손을 돕는 따위의 일들은 오래 전통이므로 그런 것에 반대할 생각은 없지만 일상적인 일조차 차별을 두는 사람이라면 지나치게 권위적일 가능성이 크므로 멀리하는 것이 좋을 것 같구나. 그가 남자로 태어난 것이 그가 더 우월하다고 느낄 이유가될 수는 없는 것이니까. 육체적인 힘을 제외한 부분에서 동일한시간이 주어졌을 때 남자가 일방적으로 우월해야 할 이유는 없기에 너 역시 노력하면 그보다 못할 것이 없어. 설사 너 또는 그가상대보다 부족하다고 하더라도 그것이 상대와 상대 집안을 깔볼정당한 이유가 될 수는 없지.

네 친할머니의 "남자가 부엌에 가서 일하면 고추 떨어진다."라는 경고(?)에도 불구하고 가끔 부엌에서 실력을 발휘하는 이유는내가 한 요리를 네 엄마와 네가 맛있게 먹어 주기 때문이란다. 남자의 권위보다 중요한 것은 바로 가정의 행복이야. 또한 아빠가엄마보다 더 많은 돈을 벌어도 양가에 드리는 용돈의 액수를 비슷하게 맞추는 것 또한 가정 경제에서 남자가 획득의 단계에서 더많은 기여를 한다고 하더라도 그것을 유지하는 단계에서는 여자의 절제가 큰 역할을 하므로 공평하다고 할 수 있는 것이고.

"

79

남자를 구속하려 하진 마려무나.

그럴수록 더 멀어지는 것이 남자란다.

"

성장하고 나면 무리를 떠나야 하는 수컷 사자들처럼 남자들은 세상을 정복하기 위해 돌아다니는 숙명을 가지고 있단다. 다른 나라를 정복하여 영토를 넓히고, 배를 타고 미지의 신대륙을 찾아 나서고, 새로운 세상에 도달하면 죽음을 각오하고 그들과 조우한 것도 모두 남자들이었지. 이러한 남자들의 도전 정신이 없었다면 인류는 아직 아프리카의 동굴 속에 머무르고 있을 것이 분명해(물론 그게 지구 환경을 위해서는 더 좋았을 테지만).

여자들은 맹수의 위협으로부터 자신을 보호해 줄 남자가 최대한 긴 시간 동안 자신 옆에 있어 주기를 원하지만, 남자들은 수만 년 전 다른 동물이나 부족을 정복하려는 본능의 산물인 '탐험'의 욕구가 있고 이는 때때로 여자로부터 멀어지려는 행동으로 나타나기도 하지. 이것을 막으려 하면 그는 억압당한다고 느끼게 되고 급기야 탈출할 기회를 엿볼지도 모른단다.

그의 자아실현을 억지로 막으려 하지 마라. 가족을 위해 동물을 사냥하던 과거의 남자나, 회사에서 돈을 사냥해 오는 현대의 남자나 실상 별 차이가 없으며, 그들 모두는 간혹 그들만의 시간이나 공간을 필요로 한단다. 그가 너무 멀어지는 것이 두렵다면 그에게 자유로운 시간을 보낼 수 있지만 언제 다시 돌아올지만 알려 달라고 하면 될 일이야. 그가 사냥에서 돌아올 때까지의 공백은 여자들을 더욱 그립게 해 주기도 하는 촉매가 되기도 하며, 그가 돌아올 때 사냥한 고기와 함께 더 많은 사랑도 품고 올 테니까.

한 남자가 있었단다. 사랑하는 여자를 따라 그녀의 세상에 들어간 그는 그녀의 고향인—그래서 그녀에게는 아주 편안한—좁아 빠진 곳에서 살기를 강요당했지. 자신이 탐험하던 세상을 점점 넓혀 왔던 그에게 그것은 감옥과도 같았어. 여자들은 고향같이 익숙한 곳에서 안전감을 느끼고 그런 특정한 곳에 정착하려는 본능이 있지만 진취적인 남자는 그렇지 않아. 그녀가 그를 억압

할수록 그는 그곳을 탈출해야 할 욕구를 더 크게 가지게 될 뿐이었단다. 다행스럽게도 그는 그곳을 탈출해서 새로운 세상에서 더 나은 사랑을 찾았고 남자들 구속하면 더 멀어지게 될 것이라는 큰 깨달음을 얻게 되었지.

가정은 스스로 돌아오도록 편안함을 느껴야 하는 곳이지 돌아오는 것을 강요당해야 하는 곳이 아니란다. 너의 남자를 구속하려 하지 마라. 그럴수록 더 멀어지는 것이 남자니까. 네가 할 일은 그저 그가 돌아오고 싶은 홈(Home)이 되도록 만드는 것뿐이란다.

> ## 헤어짐의 아픔을 겪을 것이다.
>
> 하지만 사랑의 실패가 인생의 실패가 아님을 명심해라. 사람은 생채기를 치료해 가며 성장하는 거란다.

나도 그랬고 많은 사람들이 그렇듯 그 사람이 세상의 전부인 것처럼 느껴질 때가 있다. 그가 없는 세상을 상상할 수 없고 그와의 헤어짐이 곧 세상의 종말같이 느껴질 수도 있어. 그러나 한 사람을 잃고 난 상심은 곧 다른 사람이 나타나 채워 줄 테니 너무 힘들어하지는 마라. 사랑을 잃고 상심하는 것은 대다수의 사람들이 겪는 것이고 다른 사람들이 그러하듯 시간이 너를 치료해 줄 거야.

첫사랑과 결혼하는 사람도 거의 없을뿐더러, 첫사랑과 결혼에 성공한 사람들 중에서도 도중에 다른 사랑이 생기는 등의 이유로 끝까지 간 경우는 극소수에 지나지 않는단다. 너도 아주 높은 확률로 남자를 차거나 차이게 될 테지. 어떤 경우라도 상실은 생각보다 심각한 마음의 병을 앓게 하지만 걱정하지 마라. 세상 대부분의 사람들은 헤어졌거나 헤어지게 될 것이고 너도 그중의 하나일 뿐이니까. 그들의 삶이 실패했다고 할 수 없듯이 네 사랑의 실패 역시 삶의 실패가 아니란다.

지난 사랑을 잊는 데는 그와 함께했던 시간의 절반이 필요하다고 하더구나. 상심하지 말고 잠시 싱글의 삶을 즐겨라. 그리고 더 나은 사람을 만나 사랑하게 되면 그가 과거의 아픔을 잊게 해 줄 테니까. 사랑이 사람을 잊게 해 줄 거야.

부적절한 짝을 만날 경우

내가 50 평생을 살며 깨달은 사실 하나는 '사람은 절대 바뀌지 않는다'는 거란다. 그렇게 보이는 사람이 있다면 그것은 바뀐 것이 아니라 제자리를 찾은 것일 뿐이다. 지금의 자리가 그의 자리인지 예전에 몰랐을 뿐.

부부는 칼과 칼집과 같다. 잘 갈아 놓은 칼은 적을 베기도 좋지만 스스로도 다치게 하지. 그래서 우리는 좋은 칼만큼 좋은 칼집이 필요해. 남편이 밖에서 돈을 잘 벌어도 부인이 과소비한다면 부자가 될 수 없고, 남편이 어떤 일에 대해 편견을 가지고 오판할 때를 대비해 아내의 조언을 참고해야 해. 칼은 그 자체만으로는 완성체가 아니니까.

어느 사회에서든 경제적으로 볼 때 남자의 역할이 여자보다 큰 것은 사실이야. 남자의 평균 급여가 높기도 하거니와 여성들이 소득 활동 자체를 하지 않는 경우도 많지. 그러나 어떤 부부의 소득의 3:1이고 그래서 새로 산 의자의 75%를 남편의 소득이 차지하였다 하더라도 다리 세 개로는 의자로서의 역할을 할 수가 없듯이 우리의 가정이 무너지지 않는 이유는 아내가 나머지 25%의 제 역할을 해내고 있기 때문이란다. 가정은 남편의 권위만으로 완벽해질 수 없어.

만약에 사귀는 사람의 씀씀이가 헤프거나 다혈질이거나 폭력적인 성향이 있다면 빨리 헤어질 일이지 네가 그를 바꿀 수 있다고 착각하지 마라. 연애 시기에 상대의 단점이 보이지 않는 이유는 서로 단점을 위장하기 때문이야. 하다못해 방귀도 가리는데 폭력적인 행동 따위를 보일 리가 만무하지. 여러 가지 이유를 대고 지금의 환경이 바뀌면 괜찮아질 것이라는 변명을 하더라도 그것은 거짓에 불과해. 내 인생을 스쳐 갔던 이성들부터 수백 명에 이르는 과거의 부하 직원들에 이르기까지 나는 그들을 좀 더 나은 사람으로 바꾸려고 노력했지만 빨간불이 들어온 사람을 파란불로 바꾸는 것은 불가능하다는 것만 깨달았을 뿐이란다. 빨간불은 기껏해야 주황색으로 바뀔 뿐이고 파란불은 잘하면 남색으로 바꿀 수는 있지만 빨간색 쓰레기는 여전히 불그스레한 쓰레기로 남게 될 뿐이었어.

개선의 여지가 없는 부적절한 짝이라고 판단되면 과감하게 정리해야 해. 혹 자녀가 생긴 상태에서 헤어져야 하는 상황이 올 경우엔 감정적인 대응을 자제하여라. 이혼은 그 자체가 문제가 아니라 그 과정의 폭력성이 더 큰 문제이니까 말이다.

"이혼 자체가 아이들에게 악영향을 주는 것보다도 그 과정 사이사이에 부모가 보여 주는 폭력과 좋지 않은 대화가 아이에게 지속적으로 나쁜 영향을 준다는 것이다."

_존 가트맨(『내 아이를 위한 사랑의 기술』 중에서)

81

남자 사귀는 것을 조급해하지 마라.

수적으로 여자가 적으니 네가 고를 수 있는 좋은 남자는 아주 많을 것이다.

근현대 한국과 중국은 남아 선호 사상이 극심해서 태아를 감별하여 여자아이면 낙태를 시키는 일이 흔했단다. 그 결과 결혼 적령기가 되었어도 결혼을 하지 못하는 남자들이 넘쳐나게 되었는데 중국의 경우 특히 심해서 환경이 열악한 농촌 총각들 수천만 명이 결혼을 포기해야 하는 지경까지 이르게 되었지. 결혼 적령기의 여자가 귀하게 되자 중국의 어떤 여자는 남자들에게 면접비를 받고 하루에 10여 명의 남자와 맞선을 본 경우도 있었다고 하더구나.

아빠와 엄마는 네 성별과 상관없이 네가 우리의 자식이기 때문에 키운 것이지만 남자아이만을 선호한 대중의 자충수와 결혼을 기피하는 여성들이 많아지는 사회 현상으로 결혼을 하고자 하는 여성들은 더 많은 선택의 여지를 갖게 되었단다. 세상에는 형편없는 남자도 많지만 좋은 남자도 많단다. 남자 사귀는 것을 조급해하지 마라. 후회하지 않도록 천천히 좋은 남자를 고르도록 하여라. 그리고 너 역시 그와 어울리는 좋은 여자가 되도록 하여라.

결혼생활

"

82

결혼 패물은 하지 않거나 하려거든
순금으로만 하여라.

가장 좋은 것은 아낀 돈으로 건실하게 투자하는 것이겠지.

"

여자들은 남편으로부터 받은 비싸고 멋진 장신구들을 친구들에게 자랑하고 싶은 욕구가 있지만 그런 것들은 그 시점이 지나면 부질없는 것이 되고 만단다. 문제는 그 이후인데, 만약 급전이 필요해서 그것들을 팔아야 할 경우 대부분 제값을 받기가 쉽지 않다는 것이지. 특히 유색 보석은 정확한 '시가'가 있는 것이 아니라서 팔 때 손실을 보는 경우가 대부분이고 가공비의 비중이 높은 경우라면 값어치가 거의 없어지기도 하지(역으로 생각하면 부가가치가 높은 산업이므로 대중 경제에는 도움이 되기도 하지만.).

그나마 일정 금액 이상을 확실히 보장받을 수 있고 매도가 손쉬운 것이 황금이라고 할 수 있지만 그것도 투자라는 개념으로 보면 권장할 만한 것이 못 된다 할 수 있을 거야. 애초 원재료인 금괴를 장신구로 만드는 데 들어간 가공비를 매도 시에는 돌려받지 못하고, 점포를 운영하는 판매상에게는 수수료도 물어야 하며, 거래 시의 세금 또한 부담해야 하니까. 또한 오랜 기간 보유한다고 해서 이자가 붙지도 않으니 다른 투자처에 비해 나을 것이 하나도 없는 셈이란다.

그러므로 비싸 보이는 모조품으로 멋을 부리고 그것이 진짜라고 거짓말을 하는 것이 가장 현명한 방법이라고 할 수 있을 거야. 모파상의 소설 「목걸이」에 등장하는 잔느 포레스터 부인의 다이아몬드 목걸이는 사실 가짜였지만 부유한 그녀의 소유물이라는 이유 때문에 사람들은 그것이 진품이라고 확신하게 되듯이 네 형편이 괜찮은 편이라면 다른 사람들은 너의 거짓말을 믿지 않겠니?

굳이 진짜를 하고 싶다면 가짜 보석이 박힌 순금 장신구를 하는 것이 현명하고 할 수 있겠지. 가짜 보석을 제외한 순금 부분은 여차하면 쉽게 매도 가능하므로 최악의 상황에서 요긴하게 사용할 수 있기 때문이란다. 그리고 진짜 보석을 사지 않고 아낀 돈을 건실한 투자처에 넣어 둔다면 긴 시간 후에 더 나은 선택이었음을 깨닫게 될 거야.

83

> 결혼식의 화려함을 바라지 말고 결혼 생활의
> 풍족함을 바라는 것이 현명한 것임을 알아라.
>
> 다른 사람에게 과시함으로써 얻는 우월감은 인생에 아무
> 도움도 되지 않는단다.

결혼식이라는 것은 두 사람이 결혼을 했다는 사실을 주위에 알리는 것이 본래 목적이지만 때때로 그것은 재력을 과시하는 용도로 사용되기도 하지. 그러나 남을 위한 화려한 결혼식보다 가족을 위한 풍족한 결혼 생활에 더 많은 자산을 사용하는 것이 현명한 것 아닐까?

엄마 아빠의 결혼식은 아주 소박했단다. 화려한 호텔의 예식과 비싼 요리 대신 중국의 전통에 따라 외할머니 댁에서 식사를 하는 것으로 간단히 치렀어. 우리는 남들에게 보이기 위한 쇼에 돈

을 쓰는 대신 우리의 미래를 위해 그것을 저축했고 결과적으로 여유로운 생활을 하게 되었으므로 현명한 선택이었다고 할 수 있을 것 같구나. 덕분에 네 결혼식은 우리의 그것보다는 훨씬 나은 것이 될 가능성이 크지만 그 또한 네 분수를 넘어서는 것이 되어서는 안 될 거야.

자신이 다른 사람들보다 행복하다는 것을 자랑하고 싶어 안달이 난 사람들이 많단다. 축적된 자산이 없는 남자들이 외제차를 몰고 다니고, 소득이 대단하지 않은 여자들이 명품백을 구매하지. 남자들은 멋진 차로 실제보다 경제 능력을 과장하여 이성을 찾는 데 활용하고, 여자들은 차종으로 그의 경제 능력을 가늠하여 연애의 계속 진행 여부를 결정하는 데 활용하기도 하며, 그렇게 획득한—외제차를 가진—남자 친구를 다른 여자들에게 자랑하는 데 여념이 없는 거야. 이는 실상 경쟁자들에게 자신의 승리를 각인시켜 도전을 제거하려는 수만 년에 걸친 진화의 산물일 뿐이란다.

자산이 부족함에도 불구하고 화려한 결혼식 따위에 그런 과시욕을 사용한다면 너의 짧은 우월감은 긴 빈곤이라는 결과로 되돌아올 거야. 남들에게 과시하여 얻는 우월감이 실제 네 인생에 도움 될 것은 아무것도 없어. 비싼 자동차, 명품백, 화려한 결혼식

같이 단기적 욕구 해소를 목적으로 하는 소비를 피하고 그 비용을 네 가족들이 장기적으로 혜택을 받을 수 있도록 자산을 축적하거나 좋은 음식 같은 삶의 질을 높이는 데 사용하는 것이 더 현명한 선택 아닐까?

"

84

요리를 잘 배워 두렴.

남편이 맛있게 먹는 모습이 널 얼마나 행복하게 해 주는지
알게 될 테니까.

"

너는 주말마다 레시피를 봐 가며 준비한 재료를 손질하고 요리를 해 식탁에 차리곤 했던 아빠를 기억할 거야. 처음 시도하는 음식은 실패를 하기도 했지만 횟수가 늘어 갈수록 제법 괜찮은 요리가 되어 나왔고 나는 참 행복했단다. 네 엄마와 네가 맛있게 먹는 상상을 하게 되기 때문이었고 실제로 엄마와 네가 그릇을 비우고 더 달라고 할 때의 뿌듯함은 이루 말할 수 없었지. 그리고 다음 주말이 기다려지는 나 자신을 보며 그것이 진정한 행복임을 깨달았단다.

요리를 여자만 해야 하는 것은 아니란다. 또한 괜찮은 직장을 가지거나 창업 등으로 경제적 여유가 많다면 아내 대신 가정부가 해 주는 요리로 가족을 먹일 수는 있을 테고. 그러나 가족을 위한 요리에는 사랑이란 조미료가 한 가지 더 들어간단다. 너의 일당이 가정부의 그것보다 더 많아서 가성비를 따졌을 때 가정부를 두는 것이 경제적이라 하더라도 네 가족과 산책하고 포옹하고 사랑한다는 말을 대신해 달라고 할 수 없듯이 요리 속 사랑도 대신 넣어 줄 순 없는 일이야. 가끔 사랑이 듬뿍 들어간 요리를 해 줄 수 있도록 잘 배워 두어라. 그것이 맛있을지는 걱정 마라. 사랑이 모든 것을 해결해 줄 테니.

> **"**
>
> 남편이 회사 일 때문에 결혼기념일을 펑크
> 내더라도 이해하거라.
>
> 알고서 펑크 내는 그의 마음도 편치는 않단다. 가족을 부양
> 하는 남자의 어깨에 올려진 삶의 무게는 상당히 무겁단다.
>
> **"**

직장인들의 삶은 매일매일이—조직의 이익을 위해 경쟁자와
치르는—전쟁이란다. 그리고 그 조직의 이익이 네 가정의 경제
적 안정과 직결되는 만큼 허투루 할 수도 없는 일이고. 네 남편이
그 전쟁을 하찮게 여기는 사람이라면 네 가정을 지키고자 하는 의
지가 없는 게 틀림없을 거야. 네 남편이 일과 가정을 선택해야 하
는 순간이 올 때 아래의 지침이 도움이 될 거라고 생각한단다.

가정과 일 중 하나를 선택해야 하는 순간이 온다면 어떡할 것
인가? 이런 질문이 면접에 나오기도 한다는데 내 생각은 이렇다.

가정 〉일 〉취미의 순서가 기본이다. 즉, 가정이 가장 중요하다는 말이다. 단, 지금 닥친 그 일이 앞으로 회복 가능한지에 따라 일이 먼저 되기도 한다. 예를 들어 보자.

(1) 교통사고가 난 자녀 〉회사의 긴급 프로젝트

이 경우처럼 가족의 안전과 관계된 긴급한 사항일 경우 가정을 지켜야 한다. 가족의 손상된 상처는 회복이 불가능하다.

(2) 결혼기념일 〈 회사의 긴급 프로젝트

이 경우라면 저녁 식사를 다음 날로 미뤄야 한다. 오늘의 낭만을 내일로 연기하고 회사의 일을 처리한다면 그것은 결과적으로 가정의 안정에 도움이 된다. 긴급 프로젝트를 포기하여 회사에 손실이 발생하고 그것이 승진 고과에 영향을 미친다면 그것은 가정적으로도 큰 손실일 것이다. 그리고 결혼기념일이라고 하는 것은 지구의 태양 공전 주기에 맞춘 상징적인 날짜일 뿐 그런 특별한 날은 애초에 존재하지 않는다. 그러나 일은 현재 존재하고 있다. 직장 생활은 하는 남자라면 이런 문제에 관해서 미리 부인과 평소에 약속을 해 두는 것이 좋다.

"여보. 만약 내가 긴급한 업무로 결혼기념일 저녁을 함께 보낼 수 없다면 최대한 빨리 전화를 줄 것이며, 업무 종료 후 최대한 빠른 날짜에 더 근사하게 저녁을 먹기로 약속하오."

(3) 일 〉취미

늦게 처리하여도 전혀 문제가 없는 경우가 아니라면 언제나 일 (생존)이 취미(옵션)보다 우선이다.

예전의 동료 하나는 축구를 그렇게 좋아했는데 토요일, 일요일엔 회사에 아무리 중요한 일이 있어도 반드시 축구를 하러 갔다. 평일에도 클럽 멤버들과 K-TV에서 놀며 새벽이 되어서야 귀가하였다. 당연히 업무는 엉망이고 결국 옵션을 생존보다 중요시했던 그는 회사를 옮길 때마다 해고당하였다.

아빠와 생선 대가리

생선 대가리를 가져가며 그게 제일 맛있다 했다.

고운 살을 발라 내려놓고 **뼈**를 집어 들고선 **뼈**에 붙은 살이 더 맛있다 했다.

그땐 그런 줄 알았다.

내가 그의 나이가 되고 생선 대가리를 집어 들 때

그게 그의 사랑임을 깨달았다.

그리운 그 이름.

아버지.

“

86

남편을 존중하거라.

그만큼 너도 존중받을 것이다.

”

과거 남성 우월주의가 판치던 세상 속에서 여성들이 억압되어 살아왔던 것은 사실이지만 마치 그에 대한 복수를 하듯 남성들을 불공평하게 대해야 한다는 생각이 최근 넘쳐나는 것 같구나. 그러나 현재를 살고 있는 남성들은 과거의 남성 우월주의자가 아니며 여성들 역시 과거의 억압받던 여자들이 아니란다.

부모 양쪽 모두 인종 차별을 당한 흑인들이 백인들에 대해 분노하거나, 침략을 당한 민족이 침략을 한 민족을 증오하는 것은 그런 과거의 나쁜 행위의 결과가 현재까지 영향을 미치기 때문에 동정의 여지를 가질 수는 있지만 남성을 혐오하는 문화는(동시에 여성을 혐오하는 문화 역시) 분명 잘못된 것이란다. 혐오의 대상은 나쁜 사람(그가 남자든 여자든 상관없다.)에 한정되어야 하지.

　남성의 무조건적인 양보를 요구하는 억지 논리를 네 남편을 괴롭히는 도구로 사용하지 마라. 인간관계는 상대적인 것이라 네가 상대를 겉으로는 존중하는 척하여도 속으로 경멸한다면 상대는 얼마 가지 않아 너의 그런 가식을 알아채게 된단다. 상대가 생판 남이라면 그와 다시 안 만나면 될 일이지만 너의 가족이라면 얘기가 달라지지. 네 남편을 존중하여라. 그에게 대접받으려 하지 말고 먼저 대접하여라. 그만큼 너도 존중받고 대접받게 될 테니 말이다. 그가 그러지 않는다면 어떡하냐고? 네가 충분히 그를 존중하는데도 그가 그러지 않는 사람이란 것은 결혼 전에 알아채야 할 일이다.

"

87

네 남편에게 매일 사랑한다고 말하여라.

그러면 그도 네게 사랑한다고 말해 줄 것이다.

"

미국 워싱턴대학교 심리학과 존 고트먼 교수의 연구에 의하면, 대화 중에 칭찬과 비난이 5:1 정도인 부부는 10년 뒤에도 행복한 가정을 유지하지만, 비난의 비율이 그보다 더 높은 부부들은 이혼하거나 불행한 생활을 한다고 하는구나. 자주 사랑한다고 말하거나 서로 칭찬을 하는 부부들이 그렇지 않은 부부들보다 좋은 관계를 오랫동안 유지하는 것은 정말이지 당연한 일이겠지.

또한 아침마다 아내로부터 키스를 받는 남성이 직장에서 일도 잘하고 성공할 가능성이 많다고 하는구나. 잘 생각해 보렴. 매일 아침마다 키스를 하는 부부라면 관계가 아주 좋을 것이고 직장 생활을 하는 남편이나 아내는 가정생활에서 오는 스트레스가 없어서 업무에 더 많은 에너지를 쏟을 수 있게 되겠지. 기분 좋은 콧노래를 부르며 열정적으로 일하는 그가 투덜거리는 경쟁자보다 더 높은 점수를 받게 되는 것은 당연한 일 아니겠니.

부부의 애정 표현이 직장이나 개인의 삶에 있어 긍정적인 영향이 아주 큼에도 불구하고 동양 문화권에선 그것을 터부시하는 경향이 있어. 수십 년을 함께 산 부부가 단 한 번도 사랑한다는 말을 해 본 적이 없는 경우도 많은데 답답한 노릇이지. 애정 표현을 부끄러워하지 마라. 그것은 부끄러워할 일이 아니라 부부의 관계가 아주 좋음을 증명하는 자랑스러워해야 할 일이다.

〈가족의 동거 사이클〉

보통의 경우 여자의 혼인 연령이 남자보다 4살 정도가 적고(계산하기 좋게 5살 차이로 보자.) 여자의 기대 수명이 5살 정도 많으므로 가족의 동거 사이클을 보면 위와 같다. 여자가 30살에 결혼하여 바로 자녀 1명을 갖고 그 자녀가 30살에 독립한다면 자녀와는 30년, 남편과는 45년을 동거하게 되며, 홀로 10년을 지내다가 삶을 마감한단다. 결혼을 상업적인 거래인 양 네 것 내 것을 따지거나, 배우자를 흉보는 데 시간을 낭비하지 마라. 짧은 인생에서 가장 긴 시간을 함께하는 사람은 부모도 자식도 아닌 바로 네 남편이니 말이다. 그런 남편과의 애정이 없다면 삶의 가장 큰 부분을 고통 속에서 살아야 하는 것을 잊지 마라.

아빠는 멋있는 경치를 보면 사진을 찍어 엄마에게 전송하고, 맛있는 것을 먹으면 엄마와 함께 가기 위해서 기록을 해 두고는 해. 내가 그렇게 하는 것은 네 엄마를 한없이 사랑하기 때문이란다. 사랑한다면 좋은 것을 함께 나누고 싶은 마음이 생기게 되고 그것들은 절반씩으로 나뉘는 것이 아니라 각자의 마음을 가득 채워 2배로 많아지게 되지. 사랑은 1m짜리 젓가락으로 서로 먹여 주는 것이라고 하지 않더냐? 사랑하는 사람을 먹여 주는 것이 나를 행복하게 만드는 이유는 그의 행복이 곧 나를 행복하게 만들어 주고 곧 그도 나를 먹여 줄 것이라는 믿음 때문이야. 남편에게 매일 사랑한다고 말하고 깊이 사랑하여라. 그만큼 너도 받게 될 테니.

　네 엄마는 내게 하루에 10번씩 사랑한다고 말하지 않으면 징역을 가는 법이 있다고 우기곤 한단다. 가끔 저녁이 되어 생각해 보면 횟수를 채우지 않은 것 같아 사랑한다는 말을 몰아서 하기도 하지만 우리의 사랑은 언제나 넘쳐흐르며 서로를 그리워하지.

　사람들은 80여 년의 삶에서 각자의 행복주머니, 불행주머니를 채워 가며 살아가고 결혼을 한 사람이라면 부부가 함께 행복주머니와 불행주머니를 채워 가게 된단다. 어차피 함께 해야 할 인생이라면 불행주머니는 비우고 행복주머니를 더 많이 채우는 것이 남는 장사를 한 인생이라 할 수 있지 않을까?

　참! 경찰이 오기 전에 문자를 보내야겠다.
　여보~ 사랑해요 × 100

"

시어머니와는 친구가 되거라.

존중은 하되 마음을 터놓는 사이가 되면 서로 편할 것이다.

"

아빠는 조산으로 태어난 너를 죽게 내버려 두라는 중국 의사들의 말을 무시하고 수단과 방법을 가리지 않고 살려 내었고, 네가 한국어를 배울 여건이 여의치 않자 밤마다 너에게 동화책을 몇 권씩 읽어 주었단다. 초인적인 절약을 하면서도 건강검진이나 교육비같이 너의 미래를 위한 비용은 줄이지 않았어. 그리고 오늘 이렇게 성장한 너를 언젠가 다른 남자가 데려갈 것을 생각하니 벌써부터 그 녀석이 미워 죽겠다. 모르는 놈이 애지중지 키워 온 내 여자를 훔쳐 가겠다는데 누군들 기분이 좋으랴? 네가 그 녀석을 데려오는 그날 이놈이 사람 구실을 할 놈인지 아닌지 테스트를 방법을 엄마와 궁리하기도 했단다. 그런데 말이다. 내가 네 외할아버지로부터 엄마를 데리고 나와 결혼을 했듯이 네 남자 친구도 나로부터 너를 데려가야 하는 것은 숙명일 것이기에 막을 일도 아닐 거야. 그럼 나는 그와 어떤 관계여야 할까?

내가 그의 손윗사람이라는 이유로 그는 나를 깍듯이 대하겠지. 하지만 그런 관계는 서열을 나누는 것 외에는 아무런 애정이 없는 것이 될 것 같아. 내가 그를 더 자주 볼 수 있다면(그 덕에 너도 자주 우리를 찾아오게 된다면) 좋을 것이고 그것은 우리가 서로에게 나눌 것이 있기 때문이 아닐까? 나의 오랜 경험을 그에게 나누고 그는 내게 새로운 문물을 나누는 그런 친구처럼 말이다.

네 시어머니의 시각에서 너 역시 그녀의 남자를 훔친 여자이다. 그녀의 삶 한쪽을 차지하던 남편과 아들이라는 공간 중에 아들이라는 공간을 빼내었으니 아주 큰 구멍이 생겼겠지. 늙은 할아버지를 남겨 두고 싱싱한 남자를 네가 채어 갔으니 얼마나 밉겠니? 그러나 그녀는 네가 사랑하는 남자를 잉태한 고마운 사람이란다. 그런 그녀의 희생이 너에게 사랑을 가지게 해 줬으니 그녀와 가까워지는 것이 그녀에게 보답하는 길이지만 서열로 정리되는 관계는 애정이 있기 어려울 거야. 그녀와 친구가 되어라. 그녀로부터 요리법을 배우고, 남편의 흉을 캐내어 함께 웃어라. 너는 그녀에게 네가 배운 최신 패션 정보 따위를 전할 수 있을 테고. 친구는 나이가 같다는 이유로 맺어지는 것이 아니라 비슷한 가치를 공유하는 것으로 맺어지게 되는 거란다. 시어머니와 친구가 되어라. 두 사람에게 웃음을 선사하게 될 테니까.

만약 시부모와 좋지 않은 이슈로 대화를 해야 할 경우 남편이 하도록 유도하렴. 그들에게 남일 수밖에 없는 네가 나서면 좋지 않은 결과가 나오기 쉽지만 남편은 친자식이니 결국 화해하게 된단다. 같은 논리로 네 남편과 우리가 충돌할 만한 안건이 있을 경우 네가 나서는 것이 낫다. 내가 처가 식구 쪽의 문제점에 대해 이슈화하려 하면 네 엄마가 나서서 그것을 막았던 적이 있다. 그리고 적당한 시기에 엄마가 문제를 제기했고 짧은 시간 동안 그들은 엄마를 미워했지만 얼마간의 시간이 지나자 결국 원래대로 돌아오게 되었단다. 내가 감정 섞인 말을 했다면 시간이 지나도 앙금을 해소하기는 어려웠을 거야.

내 장모님 그러니까 네 외할머니가 그녀의 여동생한테 돈을 빌려주려 했는데 그 용도가 가관이었단다. 여동생의 아들, 그러니까 네 외할머니의 조카는 남 밑에서 일하기는 싫어서 사업을 한다고 여기저기 돈을 빌려다 썼지만 사업엔 신경 쓰지 않고 혼외정사를 즐기며 노는 게 낙인 사람이었지. 그런 집안에 돈을 빌려

주면 못 받을 가능성이 크기도 하지만 아들뿐만 아니라 그들 부부도 흥청망청 소비하던 사람들이었어. 그렇게 돈이 궁하면 가지고 있는 자가용을 팔아서 해결해야 할 일이지만 그러기는 싫어서 자가용도 없이 절약하는 외할머니 부부가 힘들게 모은 돈을 가져가겠다더구나. 내가 그 말을 듣고 의견을 제시한다면 좋은 말이 나올 리 만무하지 않겠니? 네 엄마는 내게 빠져 있으라 하고 외할머니께 모질게 말했고 외할머니는 통장을 쥐고 울며 뛰쳐나갔는데 현명한 엄마는 도장을 숨겨 두었기에 할머니는 돈을 찾을 수 없었단다. 그때의 외할머니는 분명 자신의 큰딸이 미웠을 테지만 큰딸의 행동이 인륜에 반하거나 상식에 어긋나는 것이 아님은 물론 자신의 친딸이므로 곧 원래의 관계로 회복되었지. 난봉꾼 조카 때문에 성실한 친딸과의 사이가 멀어지는 것은 말이 안 되지 않겠니?

89

> 빨래를 할 땐 주머니에 뭐가 들어 있나
> 살펴보렴.
>
> 남편의 비상금을 찾는 횡재를 할지도 모르니.

오래전 어느 날, 호주머니에 우리 자가용차 열쇠를 넣은 채 세탁기에 바지를 집어넣는 바람에 열쇠의 전자장치가 망가져서 새로 만드느라 애를 먹은 적이 있었단다. 거기다 단종된 차종이라 같은 것을 찾을 수 없어서 다른 차종의 열쇠를 복사할 수밖에 없었지. 한번은 널어 놓은 빨래를 개다가 호주머니에서 가루가 되다시피 한 지폐를 발견한 적도 있었고. 사소한 것을 잘 챙기는 편이지만 나도 인간이라 이처럼 많은 실수를 하기 마련이란다. 위의 경우는 그나마 큰 손실이 아니었지만 호주머니에 들어 있던 것이 아주 중요한 서류이고 회복이 불가능한 경우라면 중대한 문제를 초래할 수도 있겠지. 몇 번의 실수가 있은 후 나는 세탁기에 옷을 넣기 전에 한 번 더 살펴보는 버릇이 생겼단다.

빨래를 하기 전에 호주머니를 잘 살펴보아라. 여러 가지 물건들의 손상을 막을 수 있고 운이 좋으면 남편의 비상금을 발견할 수도 있을 거야. 물건을 버릴 때도 내부에 공간이 있는 것들은 반드시 열어서 확인해야 한다. 비닐 봉투에 돈을 넣어 놨다가 쓰레기인 줄 알고 버리는 사람도 있었다고 하는구나. 잠깐의 확인으로 수천만 원을 아낄 수 있었지만 그는 그러지 않았다. 아니 애초에 그런 귀중품을 왜 그런 식으로 보관한 것인지 아빠는 모르겠구나. 그러나 그런 사례는 심심찮게 뉴스를 탄다. 매사에 버리기 전에 잘 살피는 습관을 길러라.

90

" 화장실에도 시계를 놓아두거라.

변기에 앉아 책 보다가 지각하는 일이 없을 것이다.

"

네 엄마도 나도 책을 읽는 것을 좋아하지. 변기 위에 앉아서 책을 보면 시간 가는 줄을 모르게 되는데, 화장실에서 볼일을 보며 책을 읽는 것은 머리로는 지식을 넣고 동시에 아래로는 폐기물을 빼는 것이므로 아주 효율적인(?) 행위라고 할 수도 있을 것 같구나. 그런데 가끔 책에 빠져 폐기물을 다 뺐는데도 불구하고 지식 넣기를 멈추지 않을 때가 있어. 특히 아침에 그러다가는 출근 시간을 깜박하는 경우도 있는데 변기 앞 벽면에 시계를 매달아 두는 것으로 문제를 해결했단다. 손으로 집어서 버튼을 눌러야 시간을 볼 수 있는 핸드폰보다 훨씬 편리하더구나.

따뜻한 욕조에 누워 명상에 잠기다 깜박 잠들어 깼을 때 역시 시간이 궁금한 적이 많았는데 이때는 욕조에서 넘친 물에 젖을까 봐 멀찍이 놔둔 핸드폰을 가져오는 것도 여의치 않지. 그럴 땐 욕조 앞 벽면에 붙여 놓은 방수되는 조그만 벽시계가 그렇게 편할 수 없더구나. 화장실 변기와 욕조 맞은편 벽면에 방수가 되는 벽시계를 걸어 두어라. 한 번씩 고마움을 느끼게 될 것이다.

91

베개는 좋은 것을 사거라.

목에 담 걸려 하루 종일 뻣뻣해질 일이 없단다.

인간은 인생의 1/3을 잠으로 소비하지. 일을 좋아하고 동시에 충분한 잠을 자는 것을 좋아하는 나도 내 인생의 1/3을 잠으로 소비해 왔지만, 많은 시간을 잠으로 낭비하도록 만들어진 인간의 몸이 한심할 때도 있단다. 그렇다고 잠을 자지 않을 수도 없는 노릇이니 편안한 잠자리를 갖기 위해 노력해야겠지.

내 경험에 의하면 매트리스를 포함한 침대, 이불, 베개 중에서 가장 비중이 작고 가격이 저렴한 베개가 숙면에 가장 큰 영향을 미치는 것 같더구나. 동서양을 막론하고 옛날부터 베개를 널리

사용한 것을 보면 인간의 머리 구조는 무언가를 받쳐서 수면을 취하는 것이 가장 편안한 취침 방법이라고 할 수 있을 거야. 이 작은 물건의 높이가 낮으면 잠들기 쉽지 않고, 너무 높으면 다음 날 하루 종일 목에 담이 걸려 뻣뻣해지기도 하지.

싸구려 재료로 만든 무거운 이불조차 차가운 겨울 아침의 포근함은 더할 나위 없지만 이 작은 물건은 약간의 투자로 훨씬 큰 만족감을 느끼게 해 준다. 침구에 가성비를 고려한다면 베개에 중점을 두어서 구매하는 것이 만족감을 높이는 방법이란 것을 알아라. 목 주위를 부드럽게 감싸는 메모리폼 따위로 만든 좋은 베개를 사거라.

66 92

신발은 좋은 것을 사거라.

싸구려 옷은 보기만 안 좋지만 싸구려 신발은 네 척추를 휘
게 만든다.

99

예전에 한 지인은 구매한 신발이 발에 맞지 않았지만 버리기 아
까워서 그냥 신었는데 그 신발은 구조적으로 하중이 한쪽에만 집
중하도록 되어 있어 결국 그의 척추에 문제가 생기게 되었단다.
아무리 비싸 봐야 몇 푼 하지도 않는 신발 때문에 그는 건강을 해
치고 더 큰 비용을 치료비에 들여야 했지.

절약을 위해 여러 가지를 실천하고 있다고 하더라도 신발은 주
의해서 골라야 한다. 절약을 위해서 싸구려 옷을 입는 것은 남 보
기가 민망할지 몰라도(사실 그렇게 느낄 이유도 없지만) 네 건강과는

별 상관이 없어. 하지만 싸구려 신발은 보기만 싫은 것이 아니라 건강을 해칠 수 있으므로 이미 구매한 것이 아까워 불편한 신발을 억지로 신지는 마라. 물론 싸다고 다 나쁜 것이 아니므로 가능하면 저렴한 것을 구매해야 하겠지만 그보다 중요한 것은 얼마나 편안한가임을 잊지 마라. 싸구려 여러 켤레보다 소수의 좋은 신발을 신도록 하여라.

> ❝
>
> 남편이 장기간 해외 파견을 나가면
> 따라가거라.
>
> **부부는 무조건 같이 있어야 한다.**
>
> ❞

성장한 수사자들이 자라온 환경을 떠나 다른 무리에서 짝을 찾듯, 인간의 수컷인 남자들도 새로운 곳에 가면 없던 용기가 생겨 많은 일탈을 저지르곤 한단다. 싱글인 남녀가 외국에서 현지인과 사귀는 것은 아무런 법적, 도덕적 문제가 없지만 결혼한 사람이 외로움을 해소하지 못해 성실한 배우자를 뒤로하고 쉽게 이성을 사귀는 것이 문제겠지.

아빠는 처자식을 한국에 두고 외국에서 현지처를 만든 남자들을 수없이 봐 왔는데 접대나 외로움에 잠깐 한눈을 파는 것은 애

교로 봐줄 수 있을 만큼 그 정도가 심한 경우도 많았단다. 가족과 물리적인 거리가 멀어지면 도덕적 통제력을 잃기 쉬운데 그것을 방지하는 가장 효과적인 방법은 부부가 함께 있는 것이겠지.

가족관계

> "
> TV를 사지 말아라.
>
> **네가 설거지할 때 할 일 없는 남편이 너를 돕게 될 테니. 그리고 가족 간의 대화도 덤으로 늘어날 것이다.**
>
> "

한 방송국이 어떤 섬에서 일정 기간 동안 TV를 보지 않는 실험을 한 적이 있었단다. 즐길 만한 것이 부족한 섬에서 유일한 오락거리인 TV를 켤 수 없는 실험에 참가한 사람들은 남는 시간을 주체 못하는 당황스러운 저녁을 맞이하게 되었지. 그런데 며칠이 지나자 저녁 식사를 마친 부부들이 대화를 하며 산책을 즐기게 되는 것으로 라이프 스타일이 변하게 되는 것을 발견할 수 있었단다. TV가 없는 삶이 불가능할 것 같았지만 그것이 오히려 삶의 질을 높여 주었던 거야.

아빠 엄마가 새로운 집을 사고 인테리어를 할 때마다 케이블 설치 기사는 "지금까지 수천 곳의 케이블을 설치했지만 TV가 없는 집은 처음 봤다."라고 말하곤 한단다. 너도 알다시피—세입자의 집에 설치한 것을 제외하고—우리는 TV를 산 적이 없어. 그래서 우리의 삶이 남들보다 못하냐면 그건 아니잖니. 아내가 설거지할 동안 남편이 소파에 누워 TV를 보는 것이 아빠가 원하는 삶은 아니기에 나는 네 엄마가 설거지할 동안 옆에서 그릇을 정리하는 것이 더 좋았고, 빨리 마친 설거지 덕분에 엄마랑 산책하는 시간이 늘어난 것이 더 좋았단다. TV보다는 운동이 더 좋았고, 소파에 앉아 엄마랑 대화를 하는 것이 더 좋았지. 엄마랑 침대에 나란히 앉아 독서를 하는 것이 좋았고 그렇게 사랑을 나누는 것이 더 좋았던 거야.

부부가 50년을 산다 한들 사랑하지 않는다면 그 기간이 불행할 수밖에 없지만 한없이 사랑한다면 행복의 양은 남들의 몇 배나 될 것이고, 그것은 여러 번의 삶을 산 것처럼 값진 선택이 되겠지. TV를 사지 말아라. TV를 볼 시간을 부부의 시간으로 바꾸어라. 행복은 사실 작은 버림으로부터 시작하는 것일지도 모른단다.

95

네 아이들 앞에서 책을 많이 읽어라.

너는 게임하면서 아이들더러 공부하라면 누가 하겠냐?

『부의 기원』이란 책에 이런 구절이 나온단다.

"'사과는 나무에서 멀리 떨어지지 않는다(The apple does not fall far from the tree)'라는 논문에서 연구자들은 다섯 가지 차원에서 측정된 육아 방식(개입, 감시, 자율, 정서적 안정감, 인지적 자극)이 사람들이 예상했던 것보다 그렇게 중요하지 않은 것을 밝혀냈다. 중요한 것은 자녀를 기르는 방식이 아니라 부모가 보여 주는 행동 그 자체였다는 것이다."

논문에 나오듯 아이들은 부모의 말보다는 행동을 닮는다고 하더구나. 부모는 TV를 보거나 게임을 하고 있으면서 자녀에게 공부를 하라고 닦달한다면 자녀는 반항심이 생길 수밖에 없겠지. 지루한 공부에 머리가 아픈데 옆에서 게임의 전자음이 들려온다면 집중이 될 리가 없지 않겠니?

부부싸움을 보고 자란 아이는 그런 부모가 될 가능성이 높고, TV나 게임을 좋아하는 부모를 둔 자녀는 그런 것에 익숙해져 자신도 그런 것을 선호하게 될 가능성이 높겠지. 하지만 집 안에 책이 많고 부모가 항상 책을 보는 모습을 보인다면 자녀는 그것이 보편적인 삶의 모습이라고 인식하고 그렇게 따라 하게 될 거야. 물론 삶의 방식에 한 가지 정답이 있는 것이 아니지만 네 자녀가 공부를 잘하기를 바란다면 네가 먼저 모범을 보여야 하는 것이 정답일 수밖에 없어. 네가 네 아이에게 보여 주는 오늘의 네 모습이 아이의 미래임을 알아라.

웬만하면 저녁은 가족 모두가 모여서 먹도록
하여라.

행복은 아주 작은 것에서 시작된단다.

99

죽기 전의 사람들에게 삶의 기억 속에 가장 행복했던 순간이 언
제냐고 물어본다면 승진을 한 날이라는 답보다는 아이가 혼자 자
전거를 타게 된 때라고 말하는 경우가 많다고 하더구나. 아빠도
역시 그렇다. 내가 승진한 날, 주식이 많이 오른 날, 집을 한 채
더 산 날보다 네가 병원에서 퇴원하여 우리 품에 안긴 때가 가장
행복했던 순간이었단다. 삶과 죽음의 경계에서 우리가 팔 벌려
기다리고 있던 삶의 울타리로 네가 들어온 그날이 아빠에겐 가장
소중한 날이었다. 네가 가족이 된 바로 그날.

현대 생활에서 아침은 아주 바쁜 시간이라 각자가 간단하게 해결하고 각자의 일터로 달려가야 하겠지만 야근이 잦은 경우를 제외한다면 저녁은 가족이 시간에 구애받지 않고 함께할 수 있는 소중한 시간이지. 가족의 입에 음식물이 들어가고 서로의 행복한 모습을 바라보는 것이 밖에서 획득한 어떠한 물질보다 더 값어치가 있는 것임을 알아라. 네가 추구하는 물질의 목적이 결국 그런 행복을 얻기 위함이지 않더냐?

엄마는 영원히 엄마인 줄 알았다
어느 날인가부터 길가의 낯선 이들이 그녀를 '아줌마'가 아닌 '할머니'라고 부를 때 그녀는 내게 아직도 '엄마'였다. '엄마=아줌마'라고 인지하고 있던 내게 그것은 작은 변화였다.

누나의 아이들이 태어나서 생물학적으로 할머니가 되었어도 난 여전히 엄마라고 부르고 있었고, 내 아이가 태어나고 딸아이가 할머니라고 불러도 그녀는 내게 엄마일 뿐이었다.

어린 시절 내가 그녀를 엄마라고 부르던 그때 그녀와 나의 나이 차는 오늘도 변함없이 그대로이고 그래서 그녀는 영원히 늙지 않는 엄마일 뿐이다.

"
아이들 조기 유학은 생각지 말아라.

특히 뒷바라지한다고 기러기 부부가 될 생각은 꿈도 꾸지
말아라. 너희들이 함께 행복하게 사는 모습을 보이는 것이
더 좋은 교육이란다.

"

대부분 가난한 시절을 보냈던 한국의 조부모 세대는 배고팠던
유년의 기억 때문인지 손자들의 육체적 생존에 초점을 맞춰 잘 먹
이는 것에 사활을 걸어서 조부모에게 맡겨진 아이들은 금세 뚱뚱
해지는 경향이 있단다. 반면 현직에서 경쟁적인 사회생활을 하는
부모들은 자녀의 경제적 생존에 초점을 맞추기 때문에 과외 같은
공부에 집착하게 되지. 그런 것들을 보면 어쩌면 인간의 자녀 사
랑은 확대된 자기애(自己愛)라고 할 수 있을지도 모르겠구나.

자녀의 공부에 집착이 심해지면 유학을 보내기도 하는데 나는

자녀가 스스로를 관리할 수 있는 성인(=대학생)이 되기 전의 유학을 선호하지 않는단다. 이유는 아래와 같아.

대중이 집을 구매하고자 할 때 가장 먼저 따지는 것이 위치고 그중에서도 학군이 제일 우선이지. 이는 한국이나 중국같이 학구열이 높은 나라의 공통적인 현상이란다. 구체적으로 1)학교 2)교통 3)마트 4)병원 순서일 것이고 학생이 있는 보통의 가정에서 이동과 관련된 빈도수가 높은 것이 바로 선호도 순서로 나타나게 되겠지.

1) 학교는 학생이 매일 가는 곳인데 학생은 운전을 못 하기 때문에 가까워야 하고(거기다 거주지에 따라 학교 배정이 달라지므로 학군은 절대적일 수밖에 없음)

2) 매일 지하철 타고 출퇴근하는 사람은 지하철역이 가까워야 하며

3) 마트는 1주일에 한 번만 가면 되므로 조금 멀어도 되고

4) 병원은 아주 가끔씩 가는 곳이므로 30분 거리라도 큰 무리가 있는 것은 아님

집을 사는 이유가 학교 때문이라고 한다면 그 특정 학교를 선택하는 이유는 무엇일까? 바로 다른 학교보다 좋은 대학에 갈 확률이 높기 때문이고, 좋은 대학을 나오면 좋은 직장에 취직할 확률이 높기 때문이겠지. 그 결과로 높은 급여를 받고 경제적 생존

에 훨씬 유리한 여건을 갖추게 되는 걸 테고. 또 그들은 높은 소득으로 좋은 주택을 구매하고 가정을 이루어 후손을 만들게 되며 이 사이클은 무한 반복될 수도 있겠지.

경제적 승리자인 부자가 되는 데 있어 고등교육이 그리 중요하지 않다고 하는데도 불구하고 우리는 왜 그리 교육에 집착을 하는 것일까? 그것은 학력이 부자를 결정하는 요소가 되지는 않더라도 위의 설명처럼 최소한 가난은 면하게 해 주기 때문일 거야. 학력이 낮아서 간단한 영어도 제대로 읽지 못하는 지경이라면 그 사람이 할 수 있는 일은 허드렛일밖에 없을 것이고 똑똑한 경쟁자들을 누르고 승진하지도 못하겠지. 그러나 고등교육을 받은 경우라면 평균적인 급여 이상을 주는 직장을 구해서 평균적인 삶을 사는 것이 그리 어렵지 않을 테니까.

그러한 욕심이 지나치면 자녀를 유학까지 보내게 되는데 특히 아이가 어려 엄마가 같이 따라가는 경우 과도한 유학 비용과 더불어 기러기 부부 생활에 따른 부부관계 단절로 가정 파괴에 이르는 경우도 생긴단다. 조기 유학을 보내지 않더라도 자녀 교육비에 과도한 지출을 한 가정은 부부 본인들의 은퇴 준비가 전혀 안 되어 있는 경우도 많아. 실례로 예전 직장 동료는 한국 수도권에 보유하고 있는 아파트의 오른 전세금을 자녀 교육비로 소진하였는데 이로 인해 아파트의 가격에서 자신의 보유분은 거의 제로에 가까운 상태가 되었단다. 자녀가 성장해서 출가하면 자신들은 뭘 먹고 살 계획인지 정말 궁금하더구나.

애초에 교육의 최종 목적이 자녀의 경제적 안정을 위한 것이라면 소득의 여유가 그리 많지 않은 중산층~중상층 레벨의 경우 자녀를 유학 보낼 것이 아니라 그 비용으로 집을 사 주는 것이 더 낫지 않을까? 부모가 함께하는 정상적인 가정에서 성장한 자녀는 정서적으로 좀 더 안정적일 것이고, 부부의 관계 역시 더 화목할 테니까. 아낀 유학 비용을 자녀의 결혼 비용으로 사용하는 것이 가족 전체의 행복의 양을 최대로 하는 방법이라고 아빠는 생각한단다.

98

> ## 네 아이들이 넘어지거든 일으켜 주지 말아라.
>
> 네가 넘어졌을 때 내가 도와주지 않은 것은 너의 자립심을 기르기 위함이었다. 그러나 내 죽기 전, 네가 도저히 감당할 수 없는 시련이 닥치면 언제든지 손을 내밀어라. 목숨을 바쳐 널 지켜 줄 테니. 그리고 너도 그렇게 하여라.

오래전 어느 날, 네가 넘어졌을 때 엄마와 나는 너를 일으켜 주지 않고 스스로 일어날 때까지 기다렸지. 그때 너는 울음을 터뜨리며 우리를 바라봤지만 우리가 도와주지 않자 혼자서 잘 일어났잖니? 그래 그거야. 아이들이 힘들다고 생각하는 것들이 사실은 아무것도 아닌 거야. 마트에서 사탕을 사 달라고 떼쓰는 아이에게 얼른 사탕을 물리는 부모를 둔 아이는 학습효과로 다음에 무언가를 갖고 싶을 때 똑같은 작전을 쓰게 마련이지. 넘어져 일어서기도 마찬가지란다. 스스로 일어날 수 있음에도 눈물을 보이는 아이를 일으켜 주는 것은 울보 아이를 만드는 길이라고 할 수 있어.

울음을 터뜨린다는 이유로 넘어진 네 아이를 일으켜 주지 말아라. 사탕을 사 달라고 떼를 쓰거든 그대로 번쩍 안고 마트를 나와라. 아이가 두 개의 물건을 사 달라며 우는 경우 그중 한 개만 있어도 충분하다면 하나만 고르게 하고 그것이 싫다고 하면 즉시 쇼핑을 중단하고 마트에서 나와라. 두세 번만 그렇게 하면 다시는 그런 짓을 하지 않을 거야. 어른의 시각에선 아주 보잘것없는 것들이 아이들에게는 아주 소중할 수 있어. 그러나 그것이 과도한 요구일 경우 들어주어서는 안 된단다.

과도한 도움을 주지 않고 필요 없는 물건을 사 주지 않게 되면 아이의 자립심과 절제 능력이 향상될 거야. 그러나 그것이 아이가 감당하기 힘들 정도로 어려운 일이라면 즉시 개입해서 도와주어라. 생존이 걸린 문제의 경우라면 일단 살려 놓고 다른 것을 논해도 늦지 않을 테니까. 물론 너에게 그런 문제가 생긴다면 언제든지 손을 내밀어라. 내 목숨을 바쳐 너를 지켜 줄 테니.

"아이는 부모가 자기편임을 알게 되면 아무리 큰 위기가 닥쳐도 함께 싸워 나갈 태세를 갖춘다."

_존 가트맨(『내 아이를 위한 사랑의 기술』 중에서)

가정경제

99

근검절약하거라.

백만장자가 되기 위해서는 [평균 이상의 소득], [근검절약], [계획과 투자] 3가지 요소가 필요하다. 그중에 가장 중요한 것은 근검절약이다. 비슷한 소득을 올리는 다른 사람들보다 아끼며 살아라. 그럼 나머지는 시간이 해결해 줄 것이다.

1) 부의 수레바퀴

몇 년 전, 부자에 대해 연구를 하던 나는, 보통의 사람들이 최소한의 생활을 안정적으로 유지할 수 있고 당대에 실현 가능한 상징적인 금액을 10억으로 보고(현재는 15억 정도가 적당하므로 아래에 나오는 10억은 15억으로 이해하여라) 이를 이루는 3요소를 [평균 이상의 소득], [근검절약], [계획과 투자]로 정의했으며 100억 부자는 여기에 [운]이 따라야 한다고 보았다. 여기에서 [운]이라는 단어를 사용했지만 사실 그렇게 단순하게 정의할 수 있는 것은 아니다.

나는—당시 내가 처한 상황에서 가장 효율적인 [벽돌 쌓기] 방식의—자기계발을 하여 쌓은 경력으로 [평균 이상의 소득]을 올리고 있고, 소득의 80%를 저축하는 [근검절약]으로 모은 자금을 철저한 정보 수집과 계산에 의한 [계획과 투자]로 자산을 불려 왔는데 이 3요소가 서로 유기적으로 작용하면 선순환하는 시스템이 형성되게 된다. 이 시스템은 일단 돌기 시작하면 약간의 관리만으로 유지가 가능하므로 또 다른 시스템을 만들 수 있는 여유가 생기고 그래서 하나의 시스템을 완성한 부자는 더 큰 부자가 된다.

[평균 이상의 소득], [근검절약]으로 생긴 여유자금을 현명하게 [계획하고 투자]하여 그 투자금이 과외 소득으로 돌아오는 3단계를 그림으로 그리면 아래와 같다. 즉 자기계발을 통하여 몸값(=급여)을 올리고, 그 소득을 근검절약을 통해 저축하고, 그것을 계획에 따라 투자하여 추가소득을 얻는 단계인 1개의 수레바퀴(=10억)가 아래의 그림이며 그렇게 발생한 추가소득을 다시 근검절약하여 또 다른 투자를 하면 더 많은 추가소득을 얻는 2개의 수레바퀴(=20억)를 만들 수 있다.

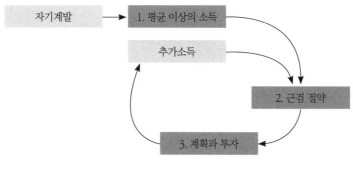

부의 수레바퀴

나는 이것을 부의 수레바퀴라고 부르는데 수레바퀴는 일단 한 번 돌기 시작하면 스스로 돌기 때문에 내가 일하지 않아도 소득을 얻는 상태, 즉, 경제적 자유를 얻게 되는 것이다. 이 소득 역시 소비하지 않고 아껴서 투자한다면 여러 개의 수레바퀴를 가지게 될 것이며 각각의 수레바퀴는―교통사고 등―가장이 소득 활동을 할 수 없을 때 가족을 보호해 주는 우산과 같다.

2) 10억 부자의 3요소

인터넷에서 '10억 부자의 공통점'이라는 제목으로 검색하면 아래와 같은 글이 나온다.

〈1-1〉 뚜렷한 목표의식이 있다.

〈1-2〉 돈이 무서운 줄 안다.

〈1-3〉 티끌이 모이면 태산이 된다.

〈1-4〉 돈 공부를 게을리하지 않는다.

〈1-5〉 기회가 오면 놓치지 않는다.

〈1-6〉 미리미리 준비한다.

〈1-7〉 섣불리 차를 사지 않는다.

〈1-8〉 배우자와 금실이 좋다.

〈1-9〉 투자는 반드시 여유자금으로 한다.

〈1-10〉 자녀교육에 엄격하다.

그리고 『이웃집 백만장자』에서 토마스 J 스탠리 & 윌리엄 D 댄코는 '100만 장자들의 7가지 공통 요소'를 아래와 같이 서술하고 있다.

〈2-1〉 그들은 자신의 부에 비해 훨씬 검소하게 생활한다.

〈2-2〉 그들은 부를 축적하는 데 도움이 되도록 시간과 에너지와 돈을 효율적으로 할당한다.

〈2-3〉 그들은 상류층이라는 사회적 지위를 과시하는 것보다 재정적 독립을 더 중요시한다.

〈2-4〉 그들의 부모는 성인 자녀에게 경제적 보조를 제공하지 않았다.

〈2-5〉 그들의 성인 자녀들은 경제 면에서 자립적이다.

〈2-6〉 그들은 돈 벌 기회를 잡는 데 능숙하다.

〈2-7〉 그들은 적절한 직업을 선택했다.

나는 위 항목들을 다시 [10억 부자의 3요소]로 정리 후 재분류했는데 이는 아래와 같다.

〈1〉 10억 부자의 공통점	10억 부자의 3요소	〈2〉 100만 장자들의 7가지 공통 요소
	평균 이상의 소득	〈2-4〉 그들의 부모는 성인 자녀에게 경제적 보조를 제공하지 않는다.
		〈2-6〉 그들은 돈 벌 기회를 잡는 데 능숙하다.
〈1-5〉 기회가 오면 놓치지 않는다.		〈2-7〉 그들은 적절한 직업을 선택했다.
〈1-2〉 돈이 무서운 줄 안다.	근검절약	〈2-1〉 그들은 자신의 부에 비해 훨씬 검소하게 생활한다.
〈1-3〉 티끌이 모이면 태산이 된다.		
〈1-7〉 섣불리 차를 사지 않는다.		〈2-3〉 그들은 상류층이라는 사회적 지위를 과시하는 것보다 재정적 독립을 더 중요시한다.
〈1-8〉 배우자와 금실이 좋다.		
〈1-1〉 뚜렷한 목표의식이 있다.	계획과 투자	
〈1-4〉 돈 공부를 게을리하지 않는다.		
〈1-6〉 미리미리 준비한다.		〈2-2〉 그들은 부를 축적하는 데 도움이 되도록 시간과 에너지와 돈을 효율적으로 할당한다.
〈1-9〉 투자는 반드시 여유자금으로 한다.		
〈1-10〉 자녀 교육에 엄격하다.		〈2-5〉 그들의 성인 자녀들은 경제면에서 자립적이다.

10억 부자의 3요소

10억은 보통의 사람들이 대단한 운이 없어도 이룰 수 있는 최대 크기의 부이며 일하지 않아도 기본 생활을 보장해 주는 최소한의 금액이다. 부자들은 말한다. "운이 나빠서 사업에 실패하는 경우는 있어도 운만 좋아서 부자가 되는 경우는 없다." 즉 부를 쌓는 과정에서 운이 나빠서 20억을 지나 100억에 도달하지 못하는 경우도 있지만, 동시에 운만 가지고는 10억 부자조차 되지 못한다는 것이다.

(1) 평균 이상의 소득

⟨2-4⟩ 그들의 부모는 성인 자녀에게 경제적 보조를 제공하지 않았다.

10억 부자(100만 장자)들의 부모들은 대개 성인 자녀들에게 경제적 보조를 제공하지 않았기 때문에 성인이 된 그들은 스스로 돈을 벌 수밖에 없었다. 그것은 자립심과 생존력을 발달시켜 장기적으로 더 많은 부를 획득/축적하도록 해 주었고 자신들의 자녀들에게도 그대로 적용되어 자녀가 경제적으로 자립하여 성장하도록 엄격한 교육으로 대물림된다.

⟨2-6⟩ 그들은 돈 벌 기회를 잡는 데 능숙하다.

그들은 평균 이상의 소득을 벌 수 있는 직업을 택한 경우가 많았다. 고소득 전문직이거나 자영업을 하거나 평범한 직업이라도 안정적인 일자리를 가지고 있는 경우가 많으며 이는 곧 평균 이상의 소득을 보장해 투자 재원을 마련하는 데 중요한 역할을 하게 된다.

〈1-5〉 기회가 오면 놓치지 않는다.

〈2-7〉 그들은 적절한 직업을 선택했다.

그들은 대개 안정적인 직업에서 발생하는 소득과 함께 다른 재테크 소득을 올리는 경우가 많은데 그것이 그들의 부를 한 단계 높여주는 에스컬레이터 역할을 한다. 이런 기회들이 왔을 때 그것을 흘려보내는 대중과 달리 동물적인 감각으로 이익을 얻어 내곤 한다.

가난한 집안에서 태어난 나 역시 스스로의 삶을 책임져야 한다는 것을 일찌감치 깨닫고 있었고 그것은 결과적으로 나의 생존력을 더욱 높여 주었다. 나는 시행착오 끝에 [벽돌쌓기]라는 자기계발을 통해 안정적인 직장을 구했고(=평균 이상의 소득) 그 소득을 다음 투자 재원으로 활용할 수 있었다. 몇 차례 기회가 왔을 때 그것이 기회인지를 인지했고 과감하게 투자하여 성공할 수 있었다.

너는 평균 이상의 소득을 올려야 한다. 최고의 재테크는 자기계발이며 안정적인 직업이나 직장이 없는 사람이라면 인내심을 가지고 기술을 익히는 것이 좋다. 이때는 대개 What(무엇)보다 How(어떻게)가 중요하며, 어느 정도 레벨에 오르기까지는 급여가 낮더라도 버텨야 하는데 이는 해당 업종이 무엇이든 간에 그 분야에서 고수의 반열에 오르게 되면 고정적인 소득을 보장하기 때문이다. 고정적인 소득이란 일종의 시스템을 구축하는 것으로 그것이 무리 없이 돌아가도록 만든 후에 다른 것에 눈을 돌리는 것이 효율적이다. 특히 20~35세까지의 직장인이라면 자기계발을 하는 것이―주식 단타 투자 같은 투기성―재테크에 한눈파는 것보다 훨씬 성공 확률이 높다는 것을 알아야 한다. 이때 가장 중요한 요소는 인내심이다. 결혼한 가정에서 대개 남편이 이 역할을 맡는데 매월 순소득 300 이상을 벌면 평균 이상의 소득을 올린다고 본다. 그런데 40대가 된 독신 남성의 순자산은 얼마나 될까? 한 2~3억 정도? 남자의 3대 유혹인 자동차, 여자, 술 등에 돈을 탕진하는 것이 큰돈을 모으지 못하는 이유다. 즉 소득만의 한계는 여기까지이다.

(2) 근검절약

〈1-2〉 돈이 무서운 줄 안다.

〈1-3〉 티끌이 모이면 태산이 된다.

〈2-1〉 그들은 자신의 부에 비해 훨씬 검소하게 생활한다.

한국의 10억 부자들은 어린 시절 가난을 겪어 본 경우가 많아 돈이 얼마나 무서운 줄 정확히 안다. 또한 그들은 한 푼 두 푼 푼돈을 아끼는 근검절약의 힘을 안다.

〈1-7〉 섣불리 차를 사지 않는다.

〈2-3〉 그들은 상류층이라는 사회적 지위를 과시하는 것보다 재정적 독립을 더 중요시한다.

그들은 부를 과시하는 데 소모하기보다는 축적하는 데 초점을 맞춘다. 그래서 소비가 소득 수준보다 훨씬 낮은, 검소한 생활을 하며 주변 사람들의 시선을 상관하지 않는 내공이 있다.

〈1-8〉 배우자와 금실이 좋다.

근검절약을 하기 위해서는 부부관계가 아주 중요하다. 각자 돈 관리를 하면 반드시 씀씀이가 헤퍼지며 금전과 관련해서 반드시 부부가 합의하여 집행해야 한다. 부부간의 성관계 만족도 역시 아주 중요한데 이 부분에 만족하지 못한다면 외도를 하거나 쇼핑 등으로 대리만족을 얻게 된다. 화목한 부부관계는 '100만 장자들의 7가지 공통 요소'에는 빠져 있지만 책 속에 간접적으로 언급되어 있는 부분이다.

우리 부부는 소득이나 자산 수준이 주변 동료들보다 몇 배나 많았지만 그들의 몇 분의 1 정도의 소비수준을 한동안 유지하였다. 세 번째 주택 융자금을 청산하기 1년 전 네 엄마는, 겨우 200위안짜리 뷔페를—융자금을 다 갚는—1년 후에나 먹는 계획을 말했다가 동료들로부터 야유를 받았지만 그런 야유는 한쪽 귀로 들어와 반대쪽 귀로 바로 나가며, 그때의 나는 15년이 넘은 구두가 전혀 부끄럽지 않았다. 부부관계에 있어서 나는 50대가 되었지만 20대 못지않은 애정을 과시하며 아내는 내가 매일 보내는 '사랑한다'는 문자를 명품백보다 더 좋아한다. 몇 년이 지난 현재 우리의 자산은 더 늘었고 목표에 도달했기에 정상적인 소비를 하게 되었다.

[평균 이상의 소득] + [근검절약]의 한계는 여기까지이다. 특히 결혼한 가정에서는 부인의 역할이 중요한데 가장 중요한 요소는 절제이다. 적당한 시기에 결혼한 가정이라면 40대가 되면 5억 정도는 모을 수 있을 것이다.

(3) 계획과 투자

나이가 많은 연령층에서는 근검절약하여 아낀 소득을 은행에 맡겨 두고 손을 대지 않는 경우가 많은데, [평균 이상의 소득] + [근검절약]으로 모은 돈을 은행에 쌓아 두어서는 10억 부자가 될 수 없으며 현명한 투자로 자산의 가치를 높여야 한다. 가장 중요한 요소는 계획이며 욕심내지 않고 계획하여 장기간을 기다리는 내공이 있다면 10억을 달성하는 것은 어렵지 않을 것이다.

〈1-1〉 뚜렷한 목표의식이 있다.

10억 부자들은 언제까지 얼마만큼을 달성하겠다는 구체적이고 현실적인 목표를 가지고 있는데 그 목표가 뚜렷할수록 달성 가능성도 높아진다. 그들은 막연하게 나중에 10억 부자가 되겠다는 것이 아니라, 1년에 3천, 3년에 1억 식으로 구체적이고 현실적인 목표를 설정한다.

〈1-4〉 돈 공부를 게을리하지 않는다.

〈1-6〉 미리미리 준비한다.

〈1-9〉 투자는 반드시 여유자금으로 한다.

〈2-2〉 그들은 부를 축적하는 데 도움이 되도록 시간과 에너지와 돈을 효율적으로 할당한다.

그들은 기회가 오기 전에 미리 준비를 한다. 그 기회가 언제 오는지 정확히 알든 모르든 준비된 그들은 기회를 놓치지 않는다. 빈자들은 부자들이 단지 운이 좋았으며 이제는 그런 운이 올 시기가 지났다고 말하곤 하지만 빈자들이 그런 자세를 가지기 때문에 10억 부자가 되지 못하는 것이다. [운]은 반드시 [준비]와 합쳐져 [보상]으로 돌아온다는 것을 알아야 한다. 부자들은 일확천금을 바라지 않기 때문에 투자는 반드시 여유자금으로 하고 대출도 소득 한도 내에서 받는다. 그래서 설사 투자가 실패하더라도 최악의 상황에 빠지지 않는 것이다.

100

> 오래 쓸 물건을 살 때는 너무 싸구려는
> 사지 말아라.
>
> 예쁘지도 않고 금방 망가질 테니 오히려 낭비일 것이다. 사고자 하는 물건에 대해 잘 모른다면 비싼 것을 사는 것이 낭패 볼 확률을 줄이는 길임을 알아라.

네 아이들이 할로윈 파티에 입을 마귀할멈 코스튬을 구매하고자 한다면 그것은 한 번만 입고 버려야 할 물건이고 당연히 품질이 조잡해도 전혀 문제 되지 않을 거야. 그러나 자동차나 가구같이 오래도록 사용할 물건인 내구재를 구매할 때는 싸구려보다는 튼튼한 것을 골라야 한단다.

기계장치에 사용되는 부속이 있는데, A급 부속은 10만 원이고 10달 동안 사용할 수 있고, B급 부속은 5만 원이고 5달 동안 사용할 수 있다고 가정하자. 둘 다 같은 조건인 것처럼 보이지만 A를 선택하는 것이 훨씬 유리한 거란다. B를 구매했을 경우 너는 5달 후에 기계를 정지하고 부속을 교체하느라 생산을 멈춰야 하지. 그동안 설비 자체를 사용하지 못하고, 작업자들은 무동시수가 발생하며, 공장 건물도 놀려야 할 테고. 그리고 구매를 하는 행위 자체도 구매팀에서 부속 업체와 협의하느라 시간을 소비하는 등. 보이지 않는 비용이 들게 된단다.

이는 가정에서도 마찬가지야. 품질이 조악해서 자주 부품을 교체해야 하는 자동차를 구매했다면 운행 불능 시간만큼 네 시간을 낭비하고 과도한 수선비나 수선의 신뢰성 따위로 불필요한 스트레스도 받게 될 테니까. 네가 구매하고자 하는 물건에 대해 해박한 지식이 없다면 유명 업체의 비싼 제품이거나 가장 많이 팔리는 제품을 선택하는 것이 차후의 손실을 줄이는 방법임을 알아라.

101

> 물건을 살 때, 상인이 너에게 권하는 것은
> 네가 필요한 것이 아니라 그에게 가장 큰
> 이윤을 안겨 주는 것임을 알아라.
>
> 그들이 그들의 이익을 위해 노력하듯 너도 너의 이익을 위
> 해 노력해라.

오래전 어느 날, 내가 사는 도시의 가구 전문 상가에 가서 둘러
보는데 점원이 말하더구나.

"이 제품은 독일에서 수입한 SUS 304로 만들었는데 SUS 304
는 스텐 중에서 가장 상급 자재입니다."

그말에 나는 이렇게 답했지.

"SUS는 JIS. 즉, Japanese Industrial Standard의 금속 용어로서
일본의 규격이므로 독일에서는 사용하지 않으며, 흔한 스텐 원자
재를 굳이 독일에서 수입하여 중국에서 가공한다는 것도 이치에
맞지 않을뿐더러, SUS 304는 녹이 슬지 않는 스텐 중에서 가장

싼 자재이다. 하급품으로는 SUS 204가 있는데 녹이 슬기도 하며 자석을 대면 붙고, 상급품으로는 SUS 316 등이 있다."

그날 그녀는 더 이상 입을 뻥긋할 수 없었단다. 소재 업체가 아니라 SUS를 부자재로 사용하여 대충 알고 있는 나 역시 전문가라고 할 수는 없지만, 그녀는 엉터리 정보를 이용해 그 소재에 대해 더 잘 알고 있는 내게 물건을 팔려고 한 것이었어. SUS 304같이 흔한 자재를 최고급 자재인 양 구매를 권유한 이유는 그것이 좋은 물건이라서가 아니라 그녀에게 판매 수당을 안겨 주기 때문이겠지.

자본주의의 아버지 애덤 스미스는 "우리가 빵을 먹을 수 있는 것은 빵집 주인의 자비심이 아니라 돈을 벌고 싶은 이기심 때문이다."라고 했는데 이는 이기심 덩어리인 우리 인간들의 심리를 꿰뚫은 통찰이라 할 수 있을 거야.

네가 옷가게 점원이라고 가정하자. 또 손님이 빨간색 원피스를 찾고 있는데 재고는 노란색밖에 없다고 하자꾸나. 네가 옷을 얼마나 팔든 간에 네 급여는 똑같다고 하면 너는 열정을 다해 손님에게 옷을 팔고 싶은 생각이 들겠니? 그러나 한 벌을 팔 때마다 3%씩의 인센티브가 있다면 너는 노란색 원피스나 빨간색 투피스를 적극적으로 권하겠지. 만약 특정 모델의 옷을 팔면 10%의 인센티브가 있다면 손님에게 어울리지 않음에도 불구하고 그것을 팔기 위해 넌 아마 깍듯이 손님의 시중을 들게 될 테고. 자본주의가 공산주의를 이긴 이유는 탐욕이라는 인간 본성을 잘 이용했기 때문이란다. 인센티브라는 탐욕이 너를 능동적으로 일하게 하는 것은 지극히 당연한 일이야.

네가 옷가게 점원일 때 그렇게 할 것이듯 다른 사람들도 역시 그러하단다. 다른 사람이 권하는 것이 네가 필요한 것이 아니라고 판단된다면 확실하게 거절해라.

102

" 명품 가방에 기뻐하지 말고 네 머리에 든 지식이 많음을 기뻐해라.

사람들이 우러러보는 것은 네 지식과 교양이지 가방 브랜드가 아니란다.

"

오래전 엄마 아빠는 부업까지 하며 소득을 늘렸고, 그런 소득을 소비하지 않고 근검절약하여 아끼는 생활을 했단다. 동시에 수많은 전문 서적들을 독파하고 계획을 세워 투자한 결과 자산을 많이 늘릴 수 있었지. 우리가 읽은 책은 주식, 부동산, 경제, 경영, 재테크 관련 서적은 물론이고 소설이나 교양 등 통찰력을 기를 수 있는 것들도 있었어. 어느 날 우리는 한 모임에 나갔는데 그곳의 여자들이 각자가 가지고 있는 명품이나 장신구들을 자랑하기 시작하더구나. 우리는 멋지다는 말과 함께 잠깐 맞장구를 쳐주었지만 엄마와 내가 나누는 세계 경제의 변화나 인간 심리 따위의 대화를 그들과 함께할 수는 없었어.

우리의 눈에 그들의 사치품들은 돼지 목에 걸린 진주목걸이처럼 보였단다. 돈만 주면 살 수 있는 것들을 우리 앞에서 자랑하는 것은 마치 어린 아이가 어른에게 힘자랑을 하는 것과 다를 바가 없게 느껴졌지. 그도 그럴 것이 네 엄마는 명품 가방 대신 부동산을 하나 더 사는 것을 선택했고 그렇게 우리가 얻은 투자 이익은 그런 가방을 몇백 개는 더 살 수 있는 금액이었으니까.

나는 사람들의 과소비가 고맙게 생각된단다. 사람들 모두가 우리처럼 근검절약한다면 자본주의 사회는 정지되고 말 것이기 때문이야. 아빠는 명품 가방을 가진 사람들이 아니라 우리보다 더 많은 지식을 가진 사람들을 우러러본단다. 명품 가방이야 언제든지 살 수 있는 것이지만 지식을 배우는 데는 시간과 열정이 필요하기 때문이지.

103

돈이 부족하거든 Need와 Want를 생각해
보고 Need일 때만 지출하거라.

풍족한 돈을 가지고 있다면 이것을 고민할 필요는 없을 거
야. 만약 그렇지 않거든 구매하고자 하는 것의 가치를 Need
와 Want로 구분하면 좀 더 현명한 소비를 할 수 있겠지.

Need는 말 그대로 '필요한 것'을 말한단다. 학생의 학용품, 주
부의 주방용품, 영업사원의 자동차 등 그것이 없으면 생존에 큰
영향을 미치는 것들이 이에 해당하지. Want는 말 그대로 '원하는
것'이야. 학생의 게임기, 주부의 명품 가방, 영업사원의 스포츠카
등 쾌락을 추구하는 것이 목적인 물건들이 이에 해당되지.

네가 가정의 재무 목표가 있고 그것을 달성하고자 하는 강한 의
지가 있다면 시장을 보러 갈 때 미리 구매 품목 리스트를 만들도록
해라. 그러면 충동구매를 막을 수 있단다. 리스트에는 물론 원하는

(Want) 것이 아닌 필요한(Need) 것들이 적혀 있어야 하겠지. 리스트에 적혀 있지 않지만 좋은 물건을 발견했다면 스스로에게 물어보렴. 'Do I need it or Do I want it?' want라면 다시 생각해 보렴.

소비뿐만 아니라 취미도 이와 비슷한 개념을 적용하여 효율적인 것인지 비효율적인 것인지를 판단하여 선택한다면 훗날 더욱 발전된 자신의 모습을 볼 수 있지 않을까?

1) 효율적 취미: 태권도, 컴퓨터, 웨이트 트레이닝, 수영, 영어, 전공 공부……

2) 비효율적 취미: 게임, 자동차, 술, 담배, 쇼핑, 인터넷 서핑……

효율적 취미란 대개 그것을 함으로써 두 가지 이상의 효과를 거두거나 미래의 어느 날 활용가치가 높은 기술이나 기능을 습득할 수 있는 취미들이고, 비효율적 취미는 단순히 현재의 즐거움만을 추구하는 취미란다. 지금 네가 가지고 있는 취미들이 과연 너의 미래에 얼마나 도움이 될 것인지 생각해 보아라. 그리고 효율적 취미를 즐기는 사람들과의 경쟁에서 네가 살아남을 수 있을지 계산해 보렴. 답이 나오지 않니?

"
자동차를 구매할 때 소형차는 새 차로,
대형차는 중고차로 구매하는 것이 상대적으로
유리하단다.

상대적으로 소형차가 중고 가격의 방어가 잘 되기 때문이야.
"

자동차는 구매한 즉시 감가가 발생하는 재화란다. 가격이 저렴한 소형차는 돈이 부족한 사람들이 선호하기 때문에 몇 년이 지나도 가격 방어가 잘 되는 편이지. 그런데 대형차는 부유한 사람들이나, 세금 혜택을 받으려는 법인들이 구매하는 경우가 많고 이들은 새 차를 선호하는 경향이 높지. 어차피 돈이 많으니 대형차를 사고, 그것도 자주 신형으로 교체하게 되는 거니까. 그렇게 나온 중고 대형차들은 적절한 시기에 부속 교체를 하는 등 관리가 잘되어 컨디션도 좋은 편이지만 큰 감가가 발생하게 되는데, 돈이 많은 사람들은 낡아서 싫고 돈이 없는 사람들은 유지비가 많이 들어서 선호하지 않는 것이 그 이유란다. 애초에 비싼 부속을 사용하였기 때문에 몇 년의 시간이 지나도 새것과 다름없지만 가격은 헐값으로 떨어지게 되는 거야.

그러므로 새 차를 사고 싶다면 중고가 방어가 잘 되는 소형차를 사고, 대형차를 유지할 여유가 있다면 중고를 사는 것이 네게 가장 유리한 선택이 될 테니 유념하렴.

105

> 돈의 노예가 되지 말고 돈이 너를 위해 일하게
> 만들어라.
>
> 돈의 양과 행복의 양은 일정한 수준까지는 비례하지만 그
> 수준을 넘으면 많을수록 불행해진단다. 딱 그 선만큼만 벌
> 어라.

남편의 월 소득이 1000만 원이면 이혼의 위험이 거의 없다고
하더구나. 이혼하지 않는 것이 반드시 행복한 것이라고 할 수는
없지만 이혼하기 직전의 부부는 반드시 불행했을 터이니 월 소득
1000만 원은 보통의 가정에서 행복의 양이 최대가 되는 지점이라
고 할 수 있겠지.

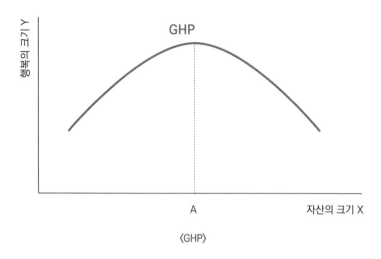

〈GHP〉

　나는 그것을 GHP(Greatest Happiness Point)라고 정의했는데 위 그래프의 A 지점이 월 소득 1000만 원에 해당한다고 할 수 있을 것이고 포물선 아래의 면적은 우리가 사는 동안에 가지게 되는 행복의 양이라 할 수 있을 거야.

　그런데 월 소득 1000만 원을 넘어서 훨씬 많은 금액이 있다면 어떻게 될까? 오히려 이혼이 더 쉬워지지 않을까? 월 소득 1000만 원은 분명 부족하지 않은 금액이고 풍족한 삶을 살게 해 주겠지만 그렇다고 흥청망청할 정도의 금액은 아니란다. 특히 남편이 두 집 살림을 할 정도의 여유를 주지는 못할 것이므로 가정을 가장 단단하게 결속하게 해 주는 금액이라 할 수 있을 거야. 더 많은 금액이라면 남편이 쉽게 외도를 하게 되고 부인도 맞바람을 피울 금전적 여유가 있으며 이혼으로 자산을 분할해도 여전히 풍족한 생활을 하게 되므로 쉽게 이혼 결심을 하게 만들겠지. 그래서 대부분의 사람들에게 GHP는 연 1억 남짓의 소득 또는 15~20억 전후의 자산에 해당할 것이고, 그것을 넘어서는 자산에도 외도, 도박, 마약 따위에 한눈을 팔지 않는 큰 그릇을 가진 사람은 더 큰 GHP를 가지게 되는 거란다.

유명인의 일탈이 자주 사회적 이슈가 되는 것 또한 그들이 가진 돈이 GHP를 넘어서이기 때문이지 않을까? 돈으로 과시해야 자존심이 생기는 그들은 애초에 낮은 자존감과 함께 낮은 GHP가 그들의 그릇이지 않았을까?

> 높은 수익률의 재테크 상품을 소개받았다면
> 잘 따져 보아라.
>
> 정말 좋으면 소개해 준 사람이 직접 하지 너에게 주진 않을
> 것이다. 재테크뿐 아니라 어떤 일이든 너에게 공짜로 무엇
> 인가를 제공해 준다면 100% 사기꾼임을 명심해라.

수익률 분석	매가	570,000,000
	총 보증금 / 월세	7천+420
	실(가)융자	200,000,000
	실 투자금	300,000,000
	연 수익금	5040만
	연 수익률	16.8%

어떤 복덕방 업자가 내게 보여준 건물의 수익률 계산식을 보
아라.

수익률이 16.8%! 장난하나? 이렇게 좋으면 업자 자기가 하지 왜 나한테 소개해 줄까? 업자의 계산 방식을 분석해 보자꾸나.

1) 복덕방 업자 계산 방식

연수익률 = 월세 × 12 / 매매가-전세금-융자금

즉, 연수익률 = 420만 × 12 / 5억 7천-7천-2억 = 16.8%

이게 뭐가 문제냐면? 융자금은 이자가 없냐는 거다. 그러니까 어떤 실성한 은행장이 내게 이자를 전혀 받지 않고 융자금을 빌려준다고 계산한 것이다.

2) 일반적인 계산 방식

대개는 아래와 같이 계산한다.

연수익률 = (월세-융자이자) × 12 / 매매가-전세금-융자금.

즉, 연수익률 = (420만-108만(6.5% 가정) × 12 / 5억 7천-7천-2억 = 12.48%

하지만 이것도 정확하지 않다. 수도세, 공동 전기세, 인터넷, 청소비, 각종 세금, 수선비, 소개비, 도배, 장판은 공짜인가? 실제 수익률 저런 비용들을 다 넣으면 일반적인 계산 방식에서 4%

정도를 빼야 한단다. 그리고 정말로 운영해 보니 거의 6~7%를 빼야 하더구나. 즉, 16.8%는 사실상 기껏해야 5~6% 수준이란 말이다.

부동산이든, 은행이든, 증권회사든 아무도 믿지 마라. 또한 너에게 투자를 권하는 사람이 있다면 그 사람의 포트폴리오를 요구해라. 투자를 권할 정도로 고수라면 자신도 이미 부자가 되어 있지 않을까? 만약 가난한 네 친구가 돈 버는 방법을 말하거든 그냥 흘려 버려라. 최소한 스스로 증명하고 나서 주장해야 않겠니?

언젠가 지인이 연 18% 수익률을 내는 P2P 금융상품을 소개한 적이 있다. 그때의 내 대답은 이랬단다.

"저는 수익률 10%가 넘어가는 것은 일단 사기로 봅니다. 개인적으로는 최대 7% 정도를 마지노선으로 잡고 있습죠. 7% 이상 고수익이 절대 내게 올 수는 없습니다. 해당 업체에서 펀딩을 하는 것도 봤는데 별 관심 없습니다. 정말 안전하고 수익률이 높다면 메이저금융권이나 날고 기는 고수들이 이미 조용히 투자하고 있겠죠. 자본주의 400년 역사의 평균 금리가 6%랍니다. 그리고 상업용 부동산도 6% 수익률에 수렴하고요. 그래서 저도 수익률 6% 정도를 안전선으로, 7%를 최대로 보고 있습니다."

그리고 이런 투자의 결과는 거의 대부분 투자자의 손실로 이어지지.

자신은 슈퍼 개미인데 깡통 찬 개미를 불쌍히 여겨 도와주는 자선을 베푼다는 광고도 있던데 이건 필연적으로 논리적 오류가 생길 수밖에 없단다. 자신의 조언을 들은 개미가 돈을 번다면 또 다른 누군가는 잃어야 할 테니 말이다. 결국 그는 자선을 베푸는 것이 아니라 정보를 파는 것이 분명해. 그리고 그 정보가 그렇게 가치가 있다면 왜 남에게 오픈할까?

"

107

가까운 사람이 돈을 빌리려거든 떼여도
될 만큼만 빌려주고 받을 생각을 하지 마라.

그게 정신 건강에 좋단다.

"

가까운 지인이 두 달 후에 갚겠다며 어느 날 나에게서 돈을 빌
려 갔는데 몇 년 동안 갚지 않더구나. 우리 부부가 근검절약하며
아낀 돈을 빌려준 것이었는데 그들은 갚을 생각을 하지 않았음
은 물론이고 아이폰끼리는 통화가 무료라며 가족의 최신 아이폰
을 우리에게 자랑했었지. 그때 네 엄마는 액정이 깨진 구식 스마
트폰을 만지며 속으로 울분을 삭이고 있었단다. 돈을 받아야 하
는 우리는 잊지 않고 있었지만 갚아야 하는 그들은 까맣게 잊고
있었던 거야. 다급한 그들의 상황을 안타깝게 생각해 빌려주었
던 돈은 다행히 오랜 시간이 지나서 겨우 받아 내기는 하였어.

주지 않을 생각을 한 것이 아니라 단순히 잊고 있는 것이라 그나마 다행이었지만 빌려 간 사람이 고의로 갚지 않는 일은 비일비재하단다.

누군가 네게 돈을 빌리려 할 때 그들과의 친분이 깨질 것을 염려하여 빌려주고 나면 받을 시기에 더 큰 염려가 기다리게 된다. 애초에 빌려주지 않거나 빌려주려거든 떼여도 될 만큼만 빌려주고 받을 생각을 하지 마라.

빌려주지 않는 아주 좋은 방법 중 하나는 네 상환 능력에 문제가 없는 한도 내에서 항상 빚을 지고 있으면 된단다. 예를 들어 주택을 하나 사서 대출이 있는 상태를 유지하면 그들에게 아주 좋은 핑곗거리가 되는 거지. 네가 빚이 있는데 도대체 누구에게 돈을 빌려줄 수 있겠니? 우리도 요긴하게 써먹은 방법인데 돈도 지키고 몇 년 뒤 집도 한 채 늘어나 있을 거야.

108

보증은 절대 서지 말아라.

너에게 이익은 없고 손해만 있는 일을 해서는 안 된다. 그 사람이 망했을 때 네게 무슨 대책이 있을 건지 생각해 보아라.

의리 따위 때문에 보증을 섰다가 집안을 말아먹었다는 얘기는 너무나도 많단다. 너에게 보증을 부탁하는 사람이 건실하다면 그는 애초에 보증이 없어도 일을 풀어 나갈 수 있었을 거야. 보증을 들어 줄 사람이 없어서 너한테 왔다면 그가 저지른 잘못은 결국 너의 책임으로 돌아올 가능성이 높아. 설사 그가 아무 문제를 발생시키지 않는다 해도 네게 이로운 것은 아무것도 없지 않니?

네가 보증을 섰다가 상대가 부도 따위를 내고 달아나면 그가 갚아야 할 돈은 모두 네 몫이 되고 그 금액이 크다면 알거지가 되어

나앉아야 해. 억울하다고 보상받을 수도 없는 일이니 보증은 절대 서지 마라. 가끔 보증이 아닌 것처럼 내미는 경우도 있으니 내용을 확실히 이해하기 전에는 사인을 하지 마라.

109

사채 빚은 절대 쓰지 마라.

안 쓰면 죽을 상황이라면 그냥 죽어라.

돈이 필요하다면 은행에서 빌려야 하고 가능하면 1금융권, 못해도 2금융권을 넘기지 말아야 해. 은행에서 네게 돈을 빌려주지 않아 사채를 써야 한다면 넌 이미 돈을 갚을 능력이 없다는 말이란다. 금리가 낮은 1~2 금융권의 빚을 갚을 능력이 안 되는데 어찌 고리대금의 갚을 수 있단 말이냐? 설사 빌려서 갚을 수 있는 상태라 하더라도, 고리대금을 사용한 흔적은 네 신용을 낮추어 나중에 1~2 금융권의 자금을 쓰는 것을 어렵게 만들지.

고리대금을 갚지 못해 볼모로 나체 사진을 찍힌 여자들이 부지

기수이고, 술집 같은 곳에서 몸을 팔거나, 갇혀서 착취에 가까운 노동을 하는 등 사회의 어두운 곳에서 헤어나지 못하는 경우도 많단다.

애초에 급전이 필요한 그런 위험한 상황이 도래하지 않도록 대박 투자 따위는 하지도 말 것이며 설사 실패했더라도 거주하는 주택을 매각하는 등 다른 방법을 찾을 일이지 사채로 해결할 생각은 절대 하지 마라.

"

110

가난이 부끄러운 것은 아니지만 그 이유는
부끄러워해야 한다.

가난을 부끄러워할 이유는 없지만 네가 게으른 것이 원인
이라면 부끄러운 일 아니겠니.

"

에릭 바인하커가 쓴 『부의 기원』에 이런 구절이 나온다.

"가난은 '이들을 착취하는 부유한 사람들에 의해 만들어진 것'이
라는 좌파적 진단, 그리고 '당신이 가난하다면 당신은 멍청하거나
게으르거나 아니면 이 둘 다'라고 생각하는 우파적 진단은 모두
잘못될 가능성이 있다는 점이다."

나는 좌파적 진단과 우파적 진단의 결과물 모두를 내 가족 안
에서 확인할 수 있었단다. 내 아버지는 모 대기업에서 경비직으

로 일을 했는데, 어느 날 아버지의 부서가 퇴역한 군 장성이 차린 경비업체로 넘어가며 급여가 1/3로 줄었고, 때문에 우리 가족은 빈곤으로 추락해야만 했지. 그때의 우리는 분명 착취당하였고 확실히 그것은 우리가 가난했던 주요 원인이었어.

그러나 애초에(외주업체로 전환되기 전) 생산직과 경비직 중 하나를 선택하는 순간에 아버지는—기술을 배울 수 있는 생산직을 선택하라는—어머니의 조언을 무시하고 당장 임금이 높은 경비직을 택했는데, '경력이 쌓이지 않는 직업'을 택한 것은 분명 아버지가 경솔하였기 때문이며, 같은 부모를 두고 있음에도 나와 내 동생 사이에 자산 차이가 많이 나는 것은 분명 내 동생이 게으르기 때문일 거야.

아직도 세상에는 엄연히 착취가 존재하고 있고 그것은 해소되어야 하는 문제이지만, 착취를 당하는 것이 네가 노력하지 않아도 되는 이유가 될 수는 없단다. 나는 스스로의 노력으로 착취를 벗어남으로써 네 할아버지께서 물려준 가난을 끊고 너에게 풍요로운 가정을 갖게 해 주었어. 만약 누군가 신체적, 정신적 부족함이 없는데도 불구하고 여생을 가난하게 살아야 한다면 그건 아마도 우파적 진단이 그 이유가 될 가능성이 높다.

111

가난하지 말아라.

가난은 조금 불편할 뿐이라고 말한다면 그것은 제대로 가
난해 보지 않았기 때문이다. 가난은 고통이다. 몇 푼 병원비
가 없어 죽어 가는 자식을 보고 있는 부모는 고통스럽다. 절
대 가난하지 말아라.

네가 조산을 이겨 내고 정상적으로 자라난 어느 날, 네 외할머
니께서 너를 데리고 병원에 갔다가 우연히 옆 사람에게 그간 있
었던 일을 얘기하자 그 사람은 이렇게 말했다고 하더구나.

"당신들은 돈이 있으니 애를 살릴 수 있었지만 우리는 가난해서
첫째 애를 그냥 죽게 내버려 뒀습니다. 이 아이는 그 뒤 얻은 자
식입니다."

조산으로 태어난 네가 인큐베이터에 들어갔을 때 7만 위안(=당

시 환율로 1400만 원)이 넘게 들었는데 그 정도 돈은 당시 보통의 중국인들에게는 너무나 큰돈이라 대개의 경우 그냥 죽게 내버려 둘 수밖에 없었단다.

자신의 배 속에 몇 개월간 꿈틀거리는 생명을 품고 있던 어머니가 갓 낳은 아이를—몇 푼 돈이 없어—병원의 차가운 스테인레스 테이블 위에서 그냥 죽게 내버려 둬야만 한다면 그 심정이 어떨 것 같니? 우리는 그깟 손바닥만 한 종이에 '한국은행권' '중국인민은행'이라고 적어 놓은 그림 한 장을 얻기 위해 악착같이 사는 게 아니란다. 그 종이 그림이 주는 가족의 생명권을 얻기 위해 노력하는 것이야.

가난을 낭만으로 포장하는 사람들을 믿지 마라. 가난은 그 자체로 고통이다. 절대 가난하게 살지 말아라.

112

모든 사람들이 부유한 사회는 존재하지 않는다.

상대적 개념으로 보았을 때 부는 제로섬 게임이란다. 네 것을 남에게 빼앗기지 말아라.

1) 부자는 불행한 돈벌레가 아니다.

부자들이 돈만 집착하고 인간적인 삶을 살지 않는다고 생각한다면 이는 왜곡된 시각이다. 한 번도 부자가 되어 보지 않은 사람이 어떤 기준으로 그들의 삶을 평가할 수 있는 것이지? 최소한 스스로 부자가 되어 양쪽(빈자, 부자)을 경험해 본 후 부자에 대해 평가해야 그것이 좀 더 공정하지 않을까?

부자는 절대 불행한 돈벌레가 아니다. 이것은 마치 유람선을 한 번도 타보지 않은 시골 사람이 유람선에 오르는 사람들을 보고 '저렇게 많은 사람들이 물고기를 잡으러 배에 올라가는 것인가?'라는 어이없는 생각을 하는 것처럼 그 세계를 전혀 경험해 보지 않은 사람이 내리는 오류일 뿐이다. 유람선에 오른 사람들이 즐겁게 크루즈를 즐기듯 부자들의 삶은 충분히 인간적이고 행복하다.

2) 부는 제로섬 게임이다.

부는 제로섬 게임이다. 투자라는 것을 하면 누군가는 벌고 누군가는 잃는데 그 둘 + 중계비용 + 정부 세금 수입의 합 = 언제나 제로이다. 일설에 의하면 100명이 주식투자를 한다면 2명이 벌고, 3명은 본전, 95명은 잃는다고 하는데 본전을 한 3명도 투자기간 동안의 기회비용(중개비용과 세금)을 감안하면 손해를 본 것이라고 할 수 있으므로 제로섬 게임에서 살아남는 것이 쉬운 일이 아니란 것을 알 수 있다.

우상향하는 그래프를 가진 주식이나 부동산이 장기적으로는 플러스섬 게임이 맞지만 단기적으로 보면 이 또한 제로섬 게임에 가깝다. 그럼 우리는 왜 제로섬 게임을 할까? 주식 같은 재테크 게임은 각자가 노동으로 벌어들인 잉여를 놓고 벌이는 도박판인데 보통의 도박과의 차이점은, 도박은 좋은 패가 내게 주어지는 것이 확률의 문제이지만 재테크 게임은 그 패를 선택할 수 있다는 점에서 스스로 컨트롤 가능하다는 착각에 빠지게 되는 것이다. 거기다 초심자의 행운까지 겹치면서—나는 남들보다 똑똑하다는—자기 최면에 걸려 점점 도박화되어 가는 것이다.

누군가 부를 독식하고 누군가는 잃어야 한다면 네가 잃는 쪽이 되지 않도록 노력해라. 충분한 공부가 되어 있거나 출구전략이 준비되어 있지 않다면 게임에 참여하지 말 것이며 승리할 자격을 갖추었다면 게임에서 패배하지 않도록 해라. 네 것을 잘 지켜라.

3) 투자와 투기의 차이

나는 내가 행하는 경제활동이 투자인지? 아님 투기인지? 항상 궁금하였고 지난 몇 년간 곰곰이 고민하던 그것에 대해 이제 나름의 기준을 정하게 되었다. 내가 얻은 2가지 결론은 이렇다.

- 인풋(Input) 대비 아웃풋(output)이 더 큰가?
- 실패 시 받을 타격은 가족이 감내할 수 있는 수준인가?

(1) 1. 인풋(Input) 대비 아웃풋(output)이 더 큰가?

어떤 게임에 100이라는 자금을 투입하는데 49%의 확률로 200이 되고 51%의 확률로 0이 된다면 그것은 해서는 안 되는 게임이다. 이 게임을 무한대로 돌리면 자산은 결국 0에 수렴할 테니 말이다. 우리 주변에 어떤 것들이 그러한가?

① 모든 종류의 복권이 이에 해당한다. 매회 발행하는 로또를 한 사람이 모두 매수한다면 원금보다 더 많은 당첨금을 받을 수 있을까? 물론 아니다. 내가 수십 년 전 실제 계산을 해봤던 주택복권의 경우 당시 500원짜리 3장을 사면 그중 한 장이 당첨되고 그 기댓값은 투자금의 절반인 750원이었다. 1싸이클마다 투자금이 절반이 되므로 아무리 자산이 많은 사람이라도 그의 자산은 결국 0에 수렴할 것이다. 여기에 세금은 계산에 넣지도 않았다. 도대체 복권을 왜 사지?

② 리스크 헤지가 아닌 투자라고 주장하는 대부분의 보험이 이에 해당한다. 가입자 모두의 보험료는 언제나 사고를 당한 사람들이 수령하는 보험금보다 많다.

③ 모든 종류의 종교가 이에 해당한다.

④ 모든 피라미드 판매 방식. 그들은 고상하게 네트워크 마케팅(Network Marketing)이라고 포장하지만 사람 장사일 뿐이다.

그럼 성공 확률이 높은 것은 어떻게 찾아낼 수 있을까? 아마도 그것은 투자 대상에 대한 이해의 크기에 비례할 것이다. 예컨대 자신의 직업에 성실히 종사하는 사람이라면 그것의 흐름에 대해 다른 사람들보다 높은 이해가 있을 것이고 그것의 발전이 보인다면 그 업종의 주식을 사거나 독립해서 사장이 될 수도 있을 것이다.

나는 내 직업과 관련된 투자 건이 있고 그것의 성공 확률이 50% 이상이라고 판단되면 적극적으로 투자 기회를 찾는다. 내가 다른 사람 3배의 일을 해왔다면 아마도 업계 평균의 사람들보다는 이해도가 높지 않을까?

(2) 실패 시 받을 타격은 가족이 감내할 수 있는 수준인가?

다주택자 A가 2억에 매입한 아파트가 3년 후에 1억으로 떨어졌다면 A의 손실은 1억 원의 시세 차손과 2억 원에 대한 3년간의 기회비용(=금리) 정도일 것이다. 그리고 그 아파트가 다시 3년 후에 3억으로 오른다면 그는 모든 손실을 회복하고 이익을 남길 수 있을 것이다. 자금의 여유가 있고 자신의 투자에 대한 확신만 있다면 그는 얼마든지 기다릴 수 있고 결국 투자에 성공하게 될 것이다.

무주택자 B가 2억에 매입한 아파트가 3년 후에 1억으로 떨어졌다면 B의 문제는 손실의 크기가 아니라 당장의 생존이다. 스스로 조달한 원금은 이미 마이너스일 것이고 아파트는 경매에 넘어갈 것이다. 무주택자가 1채의 아파트를 매입한다고 하더라도 그것이 자신이 감당할 수 있는 한계를 넘어간다면 그것이 곧 투기이다.

부동산을 예를 들었지만 대상이 주식이라도 마찬가지다. 알지 못하는 종목을 스스로 파악하지 않고 소위 전문가들의 조언에 혹해서 돈을 넣었다면 아마도 투기일 가능성이 높다. 전문가라는 사람은 그 좋은 종목을 왜 너에게 알려 줄까? 그가 정말 전문가라면 스스로 투자에 성공했음을 증명해야 하고 그가 정말 수십억 원 이상을 벌었다면 전업 투자자가 될 일이지 왜 돈 받고 정보를 팔아서 먹고 사는 거지?

(3) 둘의 구분

위의 방식에 따라서 투자와 투기를 구분하고자 할 때 주의할 것이 있다. 그것은 참여자의 역할이다. 도박장을 향해 걸어가는 사람들 모두가 도박을 하는 것은 아니라는 말이다. 게임에 참가하지 않고 하우스를 운영하거나 딜러로 일하는 사람들은 도박을 하는 것이 아니라 각각 사업과 업무를 하고 있는 것이고 그들은—게임 참여자의—돈을 벌게 된다.

그렇다면 게임에 참여하는 사람들은 모두 도박을 하는 것인가? 그렇지는 않다. 승률이 60%인 전업 도박사가 있다면 그는 업무를 하고 있는 것이고 시간이 지날수록 그의 자산은 늘어날 것이다. 단, 그가 한 번에 너무 많은 자산을 투입하지 않는다면 말이다. 그가 자산 100%를 단 한 번의 게임에 투입한다면 그는 도박을 하고 있는 것이겠지만 1%를 가지고 게임을 한다면 아주 높은 확률로 그의 자산은 불어나게 될 것이다.

우리가 사업이라고 부르는 것도 경우에 따라서는 불확실한 도박이 될 수도 있다. 준비를 아주 철저히 해서 손실을 볼 확률이 줄어든다면 그것은 투자라고 부를 수 있겠지만 요리라고는 해 본 적도 없는 사람이 식당을 개업한다면 그것은 도박이 아닐까?

도박은 사업, 부동산, 주식, 가상화폐 등 업종이 그것을 구분 짓는 것은 아니다. 주식의 경우 우량주를 장기간 묻어 두거나, 모멘텀 투자의 성공 확률이 절반을 넘는 사람이 종목을 분산해서 투자하거나, 비트코인이 저렴할 때 자산의 극히 일부로 선매수했거나, 재정거래를 할 수 있는 경우 등은 설사 업종이 도박에 가깝다고 하더라도 참가자는 도박을 하고 있는 것이 아닐 것이다.

투기를 하지 말고 건실한 투자를 하여라. 그리하면 투기의 영역에 있는 다른 사람의 자산이 투자의 영역에 있는 네게로 점차 옮겨오게 될 것이다. 네 것을 뺏기지 말아라.

자잘한 보험을 너무 많이 들지 말아라.

네가 낸 돈의 겨우 70%를 돌려받는 게 보험이란다. 몇 푼 타내려고 진단서 끊고 서류 제출해도 리젝트당하기 일쑤다. 사소한 질병에 대한 보장은 적금 넣는 것이 더 편할 것이다.

보험에 대한 내 생각은 이렇다.

1) 보험의 손해율

정부에서 운영하는 건강보험은 고소득자들에게 더 많은 납입을 강요하게 설계되어 있어 소득세와 비슷한 역할을 하며 부의 재분배 효과가 있다. 대중들은 고소득자가 더 많은 세금과 보험료를 납입하는 것이 정의라고 생각하지만 정부가 그렇게 하는 것은 그것이 정의이기 때문이 아니라 사회 안정에 훨씬 유리하기 때문이다. 그것이 정의라면 고소득자들은 택시도 비싸게 타고, 마트의

식료품도 더 비싸게 사야 할 것이지만 그건 아니지 않는가?

고소득자들이 견딜 수 없을 만큼 가혹하지 않다면 그렇게 하는 것이 공리주의적 시각으로 사회 전체가 안정적인 형태를 유지하는 데 도움이 될 것이고 결국 고소득자들도 더 높은 안전을 누리게 된다(빈부격차가 심한 국가는 반드시 치안이 불안하다.).

이제 잘 생각해 보자. 공리주의를 추구하는 정부와 달리 민간 보험회사는 자본주의를 효과적으로 활용하는 기업집단이고 그들의 존재 이유는 이윤추구이다(=손해 볼 짓은 안 한다.). 그래서 보험사들은 손해율을 잘 관리해야 하는데, 바로 이런 식이다. 100명의 가입자가 각 100원씩 납입한 돈 10,000원을 관리하다가 그중 1명에게 사고가 생겨서 7,000원을 지급한다. 보험사는 3,000원을 이익으로 챙기는데 그중 일부는 모집원에게 주고 나머지는 운영비로 축적한다(그래서 보험사 빌딩은 으리으리하게 크다). 이 경우 손해율은 70%가 되며 이것을 가입자 개인의 시각에서 보면 100원 내고 70원을 환급받는다는 얘기가 된다. 보험사기꾼이 판치는 세상을 고려하면 정직한 너의 기댓값은 65원쯤 될 것이다. 애초에 100원을 저축했더라면 이자를 포함해서 103원쯤 되었을 테니 너는 38원(103-65=38)을 손해 보게 된다. 38%를 손해 보는 게임을 왜 하는가?

특히 소액으로 가입하는 실손 보험을 나는 이해할 수 없다. 몇만 원 수준의 돈을 내서 감기 따위에 걸렸을 때 몇만 원~몇십만원을 받는 경우에도 보험사가 바보가 아니라면 네가 손해 볼 확률이 훨씬 높을 것이다(같은 이유로 카지노에 가는 사람들도 이해할 수 없다.). 더구나 몇십만 원의 푼돈은 어떻게든 변통할 수 있는 금액이지 않은가? 차라리 그 돈을 은행에 저축해서 필요할 때 빼 쓰는 것이 훨씬 유리하지 않을까? 더구나 은행은 너에게 의사의 확인서를 요구하지도 않는다(그런 것을 준비하는 것도 바쁜 너의 일당을 소모하는 비용임을 명심해라.).

암보험의 경우 네가 적당한 안정감을 얻고자 한다면 가입해도 좋을 것이다. 그러나 나는 암보험도 가입하지 않는 것을 추천한다. 일단 네 엄마와 나 양가 집안에는 다행히 암 내력이 없다. 현대인의 1/3이 암으로 죽는다고? 그럼 암보험 가입자들 1/3이 암보험금을 최대치로 타 먹을 수 있다는 것인가? 훗~

매달 10만 원을 내서 암에 걸리면 평균 1000만 원을 타 먹을 수 있는 암보험이 있다면 확률적으로 100명 중에 1명이 타 먹는다는 말이고 손해율을 고려하면 130명 중에 한 명이 그 돈을 수령할 수 있다는 말이 된다. 만약 네가 수천만 원의 병원비를 조달할 수단이 있다면 암보험조차 가입하지 않는 것이 유리할 것이다(=아이

러니하게 그럴 돈이 있는 부자는 보험에 가입하지 않음으로써 더 큰 부자가
된다.).

2) 역치

보험사들은 너에게 소득의 10%가 보험료로 적당하다고 말할 것
이다. 엥? 사고 시 필요한 금액 기준이 아니라 소득이 기준이라
고? 왜?

어떤 사람의 소득이 월 300만 원이고 30만 원이 보험료라면 큰
부담 없이 낼 수 있을 것이다. 그런데 소득이 100만 원이라면? 상
당히 부담이 가겠지? 그런데 100만 원 저소득자의 경우 돈이 드
는 헬스클럽을 가지도 못할 테니 정작 병에 걸릴 확률은 더 높다.
10%가 정말 합당한 것인가?

그리고 어떤 사람의 소득이 월 10억이라면 1억의 보험료를 내
란 말인가? 기껏해야 몇천만 원을 타 먹는 보험금을 위해서? 은
행에 몇십억의 저축이 있는 사람이 도대체 보험이 왜 필요한가?
보험은 소득의 10%가 아니라 필요한 보장을 고려해 설정해야
한다.

그럼 그 10% 숫자는 어떻게 나왔는가? 그건 보험사들이 인간

의 본성을 연구한 결과 그 정도가 바보 같은 대중이 거부감 없이 낼 수 있는 최대치이기 때문이고 그걸 역치라고 부른다.

"역치란 어떤 반응을 일으키는 데 필요한 최소한의 자극의 세기를 뜻한다."

_박창모(『당신이 속고 있는 28가지 재테크의 비밀』 중에서)

그러니까 10%는 너에게 적당한 보험료가 아니라 네가 속아 넘어갈 최대 금액이란 말이다. 그나마 장기보험의 경우 10년 이상 유지 가능한 가입자가 절반도 안 되며 중도 해약할 경우 환급받을 수 있는 금액은 네 기대치보다 훨씬 적은데 그건 보험사가 운영비를 선공제했기 때문이다. 10년 이상 안정적인 자금을 운용할 수 있는 사람은 아마도 부자일 테고 부자는 애초에 보험이 필요 없다. 참고로 나는 네 학교에서 의무적으로 가입하는 보험과 건강보험, 자동차보험을 제외하곤 아무런 보험이 없으며 나중에 상속 시 절세를 위해서 생명보험에 가입할 생각이다.

3) 최고의 보험은 건강관리이다.

암튼 보험이란 것을 가입한 네가 열심히 돈을 내는 한편, 매일 술 담배를 하고 운동을 하지 않는다면 보험금을 타먹을 확률은 높아지겠지. 하지만 애초에 그게 걱정이었다면 술담배를 줄이고 운동을 하는 것이 너에게 훨씬 유리하지 않을까? 그리고 술 담배 비용과 보험료를 합쳐서 저축을 하고 현명하게 투자한다면 더 큰 자산이 되어 있을 것 같은데(그 자산을 보험금으로 보면 어떨까?)?

그렇게 운동을 함에도 불구하고 누군가는 암 따위에 걸리기도 할 것이므로 자주 건강검진을 받는 것은 어떨까? 이미 보험에 가입한 네가 네 돈으로 건강검진을 받는다는 것은 보험사의 손해율을 줄여주는 착한 가입자가 되는 것이지만 가입하지 않은 상태라면 너의 저축을 보호하는 현명한 행위가 되는 것이다.

최고의 보험은 운동과 건강검진이라는 것이 내 생각이며 50이 된 내가 중대한 성인병 따위에 걸린 적이 없는 것은 32년을 꾸준히 이어온 운동 덕분이라고 믿는다. 특히 대퇴사두근운동이 아주 중요하며 이 근육은 부부관계(특히 성관계)를 유지하는데 가장 핵심적인 정력제이다.

4) 두 번째 좋은 보험은 보험사의 주식이다.

역치라는 개념을 활용한 마케팅으로 선진국의 국민들은 소득액 10% 전후로 보험을 가입하고 있는데 예전에 내가 조사했을 때 당시 중국은 겨우 1% 수준이었다(지금은 2% 정도로 알고 있다.). 그래? 그럼 조만간 10%가 되겠네(=보험사 주가가 10배가 되겠네)? 그럼 내가 보험사 주식을 매수하는 것이 확실히 돈을 버는 방법이고 그것(=돈)이 곧 보험이다.

특히 중국은 현재 생보가 폭발적으로 팽창하고 있다. 네 엄마가 직장 동료들한테 물어보았을 때 그들은 수익의 상당 부분을 보험 가입에 쓰고 있고, 중국 정부도 향후 사회보험의 고갈을 대비해 민간보험을 장려하는 추세라서 보험료에 대한 소득세 환급 조치를 취하기도 했다.

나는 중국 5대 보험사의 재무제표 9년 치를 비교 분석하여 최고의 가치를 지닌 보험사를 선정했고 그 투자 이익은 부동산을 구매하는 데 많은 도움이 되었으며 그 이후에도 조금씩 투자금액을 늘려가고 있다. 예상대로 상해종합지수가 하락을 거듭하던 시기에도 내가 선택한 보험사의 주가는 꾸준한 상승을 이어오고 있다. 보험회사 주식 덕분에 암 치료비 이상을 벌었다면 그게 보험이 아니고 무엇이냐? 보험금보다 훨씬 좋은 보험이다.

"

114

복권, 도박은 하지 마려무나.

그건 그것들을 운영하는 사람만 돈을 버는 마이너스-섬 게
임이란다.

"

로또가 나오기 전에 나라에서 주택복권이란 것을 팔았단다. 나는 그것이 투자로서 어떤 가치가 있는지 발행매수와 복권지급액을 계산해 보았지. 그때의 계산으로 평균 당첨확률은 1/3이었고, 당첨금액의 세전 기댓값은 1/2이었단다. 즉, 1만 5천 원으로 500원짜리 복권 30장을 사면, 그중 1/3인 10장이 당첨되고, 당첨금액의 합은 7천 5백 원이 된다는 말이지. 거기에 세금을 제하면 절반도 안 되는 기댓값을 가진 복권을 구매한다는 것은 가난한 사람을 돕는 기금 마련에 협조하고 자진해서 세금을 내는 아주 애국적인 행동을 하는 것일 뿐 투자로서는 아무런 가치가 없는 일

이었어.

어떤 바보들은 "언젠가는 될 것이다."라고 하는데 이 또한 반만 맞는 말이란다. 발행매수가 500만 장이고 매주 500원짜리 한 장씩을 사면 1년에 52장을 사게 되므로 9만 6천 년 안에는 당첨이 될 것이니 언젠가 당첨이 되기는 할 것이지만 그때까지 25억 원을 투입해서 세전 12억 5천만 원을 받게 될 뿐이야. 9만 년 넘게 살아남을 수 없으므로 한 번에 수십만 장씩 구매한다고 하더라도 1/2의 확률로 무조건 손해 보는 게임이 되어 버리는 거고. 그런데 도대체 복권을 왜 사는 거지?

부는 확률게임이고 계산의 싸움이란다. 복권, 도박같이 확률에 기대는 게임은 절대 하지 마라. 네가 욕심을 부린 만큼 자산은 줄어들어 있을 것이다.

115

" 가정 내 중요한 일, 특히 금전적인 결정을 할 때는 꼭 가족회의를 하렴.

주식, 부동산, 대출, 적금, 보험, 보증 등은 반드시 부부가 합의해서 처리해야 뒤탈이 없단다.

"

10억 부자의 공통점 중 하나는 배우자와 금실이 좋다는 거야. 주로 육체적인 관계를 의미하는데 두 사람의 합의 후에 금전적인 결정을 내리는 것 또한 이에 포함된다고 할 수 있어. 금액이 큰 액수를 투자하거나 지출할 때 배우자의 동의를 받지 못하면 문제가 생겼을 때 반드시 부부싸움을 하게 된단다. 보통은 몰래 주식 투자 따위를 하다가 실패하여 큰 문제가 발생하곤 하지.

실제로 주식 투자에 실패하여 빈털터리가 되자 가족을 살해한 가장의 이야기는 종종 들리는 뉴스거리이지 않니. 그리고 그들

중 상당수는 아내에게 투자 자체를 비밀로 하다가 일이 커지자 극단적인 선택을 한 경우일 것이고.

특히 투자에 있어서 부부가 합의해야 하는 이유는 남자는 본능적으로 도전적인 성향을 가지고 있어서 투자를 모험적으로 하고, 여자는 본능적으로 안정적인 성향을 가지고 있어서 투자를 보수적으로 하는 경향이 있기 때문이란다. 그래서 반대되는 성향을 가진 배우자의 의견을 충분히 들어 독선에 빠지는 것을 방지하여야 하는 거야. 그렇게 합의하에 투자한다면 크게 벌지 못하더라도 크게 잃을 가능성 또한 적어지고, 설사 실패하더라도 공동의 책임이므로 싸울 일도 줄게 되지. 각자의 이름으로 통장을 만드는 따위의 짓은 하지 말고 큰 금액은 반드시 합의하에 지출하도록 하여라.

116

" 아빠 재산을 넘보지 말아라.

돈은 네 스스로 벌어 봐야 소중한지 아는 법이다.

"

미국 등 서양의 부모들은 성장한 자녀에게 경제적 도움을 제공하지 않으며 그런 문화에 익숙한 아이들은 성인이 되자마자 자립을 하게 되고 사회 초년생답게 부족한 듯한 삶을 살며 점점 강해지는 생존력을 갖게 된단다. 물론 부모가 경제적으로 도와줄 것이라는 믿음이 있는 자녀들의 경우 상당수가 근로 의욕을 상실하거나 투기 등으로 자산을 탕진하기도 하지만 말이다.

아빠가 살던 동네 어떤 집안의 큰아들은 부모의 집을 담보로 은행에서 돈을 빌려 카오디오 사업을 하다가 망해서 집을 날리게 되었단다. 그의 사업 수완이나 당시의 카오디오 시장 상황 등이 그의 실패에 영향을 미쳤는지는 모르겠지만 내가 보기에 가장 큰 실패 원인은 사업 자금이 쉽게 얻은 돈이었기 때문 같더구나. 그가 카오디오 가게에서 종업원으로 오랫동안 일하며 기술을 배우고 고객과 친분을 쌓음과 동시에 한푼 두푼 모아서 가게를 열었다면 부족한 자금 때문에 폼 나는 가게가 아닐지언정 꾸려 나가는 데 문제가 없는 알짜배기가 되었을 것으로 생각한단다. 쉽게 들어오는 돈은 쉽게 빠져나가는 법이야.

"부자 3대가 못 간다."라는 말이 있어. 대개 부자 1세대는 근검절약과 현명한 투자로 부를 일구게 되고, 어린 시절을 부모와 함께 고생한 2세대 역시 옆에서 배운 바대로 절제의 소중함을 알기에 근검절약이 생활화되어 그 부를 유지하지만, 3세대가 되면 집안에 처음부터 돈이 많아서 그것의 소중함을 깨닫지 못하고 쉽게 탕진하여 집안의 부를 소멸시키게 된다는 거야.

너와 네 자식들이 여유롭게 살고자 한다면 아빠의 재산을 넘볼 것이 아니라 네 스스로 돈을 벌고, 그것을 절약하여 유지하고, 현명하게 투자하여 더 크게 일구는 방법을 깨달아야 한단다. 그 첫 단계가 스스로 근로활동을 하여 돈을 버는 것이겠지. 남 밑에서 일하다 보면 울분을 삭여야 할 경우도 많을 것이지만 그런 역경을 이겨 내야만 쥘 수 있는 것이 바로 돈이라는 종이 쪼가리란다.

돈의 소중함을 잊지 마라.

노후준비

"

117

나이가 들기 전에 칼슘을 많이 섭취해라.

허리가 굽지 않을 것이다.

"

예전의 할머니들을 보면 죄다 허리가 굽어 있었단다. 여성의 경우 출산 등으로 뼈의 영양이 부족하기 쉬운데 예전에는 칼슘을 섭취하기가 어려워 굽은 허리는 늙은 여자의 상징처럼 여겨지곤 했단다. 나이 먹어 허리가 굽어 버렸다면 나중에 칼슘의 섭취를 늘린다고 다시 펴지는 것이 아니므로 나이가 들기 전에 칼슘을 많이 섭취해 두어라.

또 하나 미리 준비해 두어야 할 것은 충분한 근육을 키워 두는 거란다. 특히 대퇴사두근은 신체의 근육에서 40% 비중을 차지하

는 큰 부위이고 에너지를 저장하는 은행과 같은 부위야. 이것을
잘 발달시켜두면 병에 걸려 음식 섭취조차 힘들어 기력이 쇠할 때
너의 생명을 유지시켜 주는 원천이 되겠지.

" 인테리어가 화려한 병원은 피해라.

병원비가 많이 나올 것이다.

"

오래전에 치과에 간 적이 있었단다. 시내 중심가에 위치한 인테리어가 화려한 병원이었지. 그때 나는 단지 검사만 요청을 했을 뿐이었는데 치과의사는 바로 드릴을 갖다 대고 작업을 시작하더구나. 그는 왜 그렇게 마음이 급했을까?

그 병원의 위치는 임대료가 가장 비싼 땅에 자리하고 있었고, 땅값에 맞춰 인테리어도 멋지게 되어 있었어. 그는 최대한 비싼 것을 많은 사람들에게 시술해야 임대료와 인테리어 감가, 그리고 직원들 급여를 줄 수 있었겠지. 이는 곧 내가 필요하지 않는 시술까지 하게 만들 가능성이 크다는 말이기도 하단다.

또 언젠가 변두리의 허름한 치과를 찾은 적이 있었는데 그곳의 나이 든 의사는 가장 저렴한 시술 방법을 제안하더구나. 그것은 내구성이 떨어져서 몇 년 후 다시 해야 했지만 아주 훌륭한 가성비를 가진 시술이었단다. 그 병원의 임대료는 아주 저렴해 보였고, 낡은 인테리어를 그대로 두어 병원을 유지하는 데 추가로 들어갈 비용이 없었으며, 간호사의 숫자도 적었어. 그는 내가 필요치 않은 시술을 강요할 필요가 없었던 거야.

네가 금전적인 여유가 있다면 일부러 싸구려 시술을 받을 필요가 없지만 그렇다고 불필요한 지출을 할 필요도 없을 테지. 현명한 소비는 병원 인테리어 비용까지 지불하는 것이 아닌 네 몸이 필요한 만큼만 지불하는 거란다.

119

" 네 아이들을 키우며 효도를 바라지 말아라.

난 네가 살아나 준 것만으로 충분하단다. 그리고 노후 대비
는 스스로 하는 것이 현명하겠지.

"

흰머리가 늘어감에 따라 내게 주어진 시간이 그리 많지 않다는
것을 느끼게 된단다. 아직 하고 싶은 것이 너무도 많은데 세월은
참 덧없이 흘러가는구나. 내 삶의 가장 현명한 선택을 꼽으라면
네 엄마를 아내로 맞이한 것이고, 가장 큰 선물은 어느 날 덜컹 우
리에게 나타난 너라는 존재가 되겠지.

효도의 정의는 '자식들이 어버이를 공경하고 잘 섬기는 것'이지
만 부모의 시각에서 우리를 가장 기쁘게 해 주는 것은 행복한 너
의 모습을 바라보는 거란다. 죽을 고비를 이겨 내고 기어코 살아

남은 것으로 너는 이미 충분한 효도를 한 것이나 다름없어. 지금 우리 곁에 있는 너는 우리 부부 사랑의 결정체이자 우리가 이 땅에 남겨 두고 떠나야 할 우리의 흔적이니까.

우리는 네가 우리를 위해서 특별한 것을 준비하기를 원하지 않는단다. 그저 너와 네 남편 그리고 네 아이들이 행복하기만 하다면 더 이상 바랄 것이 없어. 우리가 궁핍하여 네게 경제적인 부담을 주지 않도록 네 엄마와 내가 오랫동안 준비를 해 왔기에 네 도움이 필요하진 않을 것이다. 우리 걱정은 하지 않아도 될 거야.

어느 날 너도 흰머리가 나게 될 거야. 너를 할머니라고 부르는 손자들도 생겨 있을 테고. 그러나 슬퍼할 필요는 없어. 그건 우주가 돌아올 준비를 하라고 네게 미리 알려 주는 것이니까. 그때 네 자식들에게 부담을 주지 않기 위해서라도 네 노후는 스스로 준비하도록 해라. 우리가 그리한 것처럼.

나가는 말

❋ 미리 쓰는 유서

빅뱅으로부터 우주가 탄생한 것은 지금으로부터 138억 년 전의 일이라고 한다. 태양계는 50억 년 전에 탄생하고, 지구는 45억 6천만 년 전쯤에 생성되었는데 우리 인류는 지구의 나이를 24시간으로 계산한다면 마지막 2초쯤 되는 시점에 나타났다고 한다.

우리의 인체를 구성하는 주요 6가지 원소는 수소(H), 탄소(C), 질소(N), 산소(O), 인(P), 황(S)인데, 수소는 우주 초기 아주 짧은 시간 동안 만들어지고, 탄소, 질소, 산소, 인, 황은 별의 핵융합 반응에 의해 만들어진 후 초신성 폭발에 의해 우주로 흩어진다. 그리고 황은 아마도 1개 또는 소수의 초신성으로부터 나왔을 것이라고 한다. 즉, 우리 몸은 별의 잔해이며, 모든 인간들은 어쩌면 단 1개의 초신성에서 나온 원소를 공유하고 있는지도 모른다.

태아가 생성되기 위해 필요한 영양분들도 결국 어머니가 섭취한 음식물 속에 들어 있는—별들이 만든—원소들로 이루어진 것들이고 우리가 죽어서 땅에 묻히는 것 또한 별들로부터 빌려다 쓴 원소들을 다시 돌려주는 것일 뿐이다. 그렇다면 도대체 생명체는 왜 왔다가 돌아가는 것일까?

생명체는 '독립적이면서 자신만의 고유 DNA를 후손에게 전달하는 개체'라고 정의할 수 있다. 영화 루시에서 "생명의 유일한 목표는 자신이 배운 것을 전달하는 것"이라고 했듯이, 우리 인간의 존재 이유는 바로 우리의 DNA와 지식을 후손에게 전달하는 것이다. 내가 이 책을 너에게 남기는 것처럼.

더 오래도록 너를 바라보고 싶지만 새로이 태어나는 생명이 필요한 원소를 위해서도 나같이 늙은 생명들은 죽어야 한다. 내 몸을 구성하던 원소들이 먼 훗날 다른 생명체의 일부분이 될 수도 있겠지.

사실 죽지 못하는 것만큼 공포스러운 것도 없다. 어떤 이들은 아주 오래 동안 살고 싶어 하지만 나는 적당한 나이에 후회 없이, 편안히 죽는 것을 원한다. 영화 '바이센테니얼맨(Bicentennial Man)'에 나오는 로빈 윌리엄스의 소원은 인간으로서 죽는 것이었다.

사랑하는 사람들이 죽어 가는 것을, 매번, 그것도 영원히 지켜봐야 하는 것은 정말이지 끔찍한 고통일 수밖에 없다. 그래서 나는 영원히 사는 것보다 적당한 시기에 편안히 죽는 것이 훨씬 낫다고 생각하며, 죽기 전에 자아를 찾는 여행을 원 없이 해 보는 것이 꿈이었다.

나는 죽음에 대해 많은 생각을 해 왔다. 대개의 사람들은 해답을 쉽게 찾지 못하고 간편한(?) 종교를 택하곤 한다. 삶은 선물이다. 우리는 긴 우주여행을 하고 있고 잠시 지구라는 행성에 와서 탐험을 하고 다시 돌아가야 하는 운명들이다. 기왕 시작한 탐험이라면 최대한 많이 보고(=최대한 많은 행복을 찾고) 돌아가는 것이 현명하겠지. 그리고 우리가 선물을 받았듯(=삶이라는 권리), 우리도 선물로 내놓아야 하는 것(=의무)이 있는데 그것은 바로 자녀라고 불리는 후손이며 그들에 의해 탐험은 계속되는 것이다. 우리가 지구를 떠나더라도. 영원히.

50대(=자녀가 성장한 후)의 삶은 덤이다. 여행사를 통해서 간 투어의 마지막 날 주어진 자유 시간처럼 의무를 내려놓고 마음껏 보낼 수 있는 시간이다. 만약 그 시간까지 생존을 위해(=먹고살 돈을 벌기 위해) 고된 노동에 시달려야 한다면 아마 젊음을 낭비했거나 현명하게 살지 않았을 가능성이 클 것이다.

나는 지금껏 남들 3배쯤의—삶이라는—여행을 해 왔기에 후회가 없다. 더 많은 기술을 배웠고, 더 많은 직업을 가졌고, 더 오랜 외국 생활을 해 왔다. 이제 행복한 가정을 위해 그동안 나를 믿고 따라온 네 엄마에게 내가 봐 왔던 세상을 보여 주고 싶다. 네가 커서 독립을 할 때쯤이면 우리도 은퇴를 하고 세상을 탐험하느라 분주한 삶을 시작하게 될 것이다. 우리가 터치한 바통을 가지고 너는 너의 삶을 사느라, 우리는 우리의 탐험을 하느라 자주 만나지 못하게 되겠지.

그리고 어느 날 아빠와 엄마는 돌아올 수 없는 아주 먼 여행을 떠나게 될 거야. 그래도 너무 슬퍼하지는 마. 인간이 영원히 살 수 있었다면 우리는 자손을 가지지 않는 형태로 진화했을 것이고 그건 우리가 너를 만날 수 없었다는 것을 의미하니까.

떠나는 자보다 남는 자가 힘든 법이다. 떠나는 자는 새로운 세상이 기다리지만 남는 자는 공백이 하나 늘었을 뿐이니. 내게 하늘나라가 기다리듯 너도 공백을 채워 줄 자식들이 있으니 너무 슬퍼는 마라.

시간이 더 지나 우리 모두가 떠난 세상에서 너만의 삶을 살기를 바란다. 그리고 네가 떠나야 할 그때, 네 자식들에게 그들의 삶을 잘 살 수 있도록—오늘 아빠가 이 책을 너에게 전하듯—네가 가진 지혜를 나눠 주길 바란다. 그곳에 가면 하늘나라가 어떤지 알려 줄 테니 가끔 네 아이들 자라는 모습이나 들려 주려무나.

내 딸로 태어나서 고맙고, 조산으로 맞게 된 죽음의 순간들을 버텨 줘서 고마워. 또 오늘 이렇게 훌쩍 자라 줘서 고마워. 그리고 먼저 떠난 아빠를 그리워하는 네 엄마를 잘 보살펴 줬으면 좋겠어. 다음 생에도 엄마와 만나고 또 네가 태어났으면 좋겠어. 민희야 많이 사랑한다.

2020년 2월의 어느 날,
낯선 곳에서의 아침